VOYAGE
DANS L'AUTRE MONDE

VOYAGE
DANS L'AUTRE MONDE

PATRICK BELIME

ROMAN

DÉDICACE

La fuite est un refuge
trop facile d'accès,
car il est si difficile de le quitter
qu'il faut de l'aide pour y parvenir.
La question est donc celle-là :
Pourquoi ce soutien
n'est pas accordé
à celui qui souffre
avant d'en arriver là !

À ma famille,
à tous ceux que j'aime
et à ceux qui me lisent !

Voyage dans l'autre monde

Forum des lecteurs :
http://ecrivain.belime.fr/voyage-dans-autre-monde/
puis cliquer sur forum :
Espace permettant aux lecteurs de communiquer
avec d'autres et de dialoguer
avec l'auteur sur le livre.

REMERCIEMENTS

À Catherine, mon épouse,
et Christiane, ma mère,
pour leur contribution.

Autres parutions du même auteur :

Série :
1 : La réponse doit tout à la question
2 : Face à soi-même
3 : 1, 2, 3, où allons-nous !
4 : Voyage dans l'autre monde
5 : L'arche des âmes en peine
6 : Le passé ne se conjugue pas au futur

Autres titres :
Une effrayante amie
Les mots prennent le pouvoir
Livre sans histoire
Croisements ordinaires de gens ordinaires
De la haine à la solitude
Je suis fou et alors
Émissaire de Dieu et psychopathe
Meurtres aux champs des éoliennes

CONTENU

CHAPITRE 1

« Je suis couverte de sueur et le drap colle à ma peau. Mais j'ai froid ! Non, j'ai chaud. Non, je brûle à l'intérieur et j'ai froid à l'extérieur. Mes doigts ! Il m'est difficile de les plier. J'ignore pourquoi. C'est étrangement pénible, mais j'y arriverai. Voilà, ça y est, je sens mes paumes sur le bout de mes doigts. Je réalise que ma main gauche est endolorie. Quelque chose n'est pas normal. Ma peau est épaisse ! C'est idiot, je le sais, mais elle est vraiment devenue grosse, dilatée … J'en sens tous les reliefs, comme si mes empreintes étaient des microscopes examinant sa texture, et en plus au ralenti ! C'est horrible. Je dois déplier mes doigts. Je déteste ce contact et cela me met mal à l'aise, mais j'ai à nouveau de la difficulté à les bouger. J'ai compris, ils ont gonflé ! J'ai les doigts boudinés. C'est quand même bizarre ! En plus, j'ai une soif terrible, cela doit être à force de transpirer. Et ma langue, j'ai l'impression qu'elle est grosse, comme si elle avait enflé. Elle aurait réagi comme mes doigts, c'est étrange ! Peut-être ai-je dormi trop longtemps avec la bouche ouverte et ma langue aura séché. C'est possible. Je peux la remuer, mais j'ai la sensation d'être dans un film au ralenti. J'ai un goût écœurant dans la bouche, une sorte d'odeur ou de relent métallique, à moins que cela ne soit du sang. Mais oui, c'est bien le goût du sang, j'en ai partout. Tout cela est de plus en plus inquiétant. Il faudrait que je puisse voir pour essayer de comprendre ce qui m'arrive, mais tout est noir. Il doit faire nuit. Je suis peut-être dans une pièce close, ou sans fenêtre. Je ne comprends pas pourquoi. Mais c'est possible. Ah non, j'ai les yeux fermés. Mince, c'est idiot, je ne peux pas les ouvrir. Je dois dormir ! Si je dors, ce goût infect dans la bouche n'est peut-être qu'un cauchemar ! Mais oui, bien sûr, je suis en train de rêver. Il suffit que je parvienne à m'éveiller et tout rentrera dans l'ordre. Bon, je commence à comprendre ce qui m'arrive. Pour ce qui est de la sueur, j'ai dû délirer, j'ai donc peut-être de la fièvre. Mais c'est curieux, je réfléchis et pourtant je dors toujours. Bon, j'en ai marre, il faut que je me réveille. En plus, j'ai la vessie qui menace d'exploser. Et puis, ces cheveux collés sur ma figure, c'est d'un pénible ! Ça suffit, je me tourne sur le côté et je m'assois sur le bord du lit, ça me tirera forcément de mon sommeil et j'ouvrirai les yeux. »

La tentative de mouvement demeura absolument vaine, autant que celle de soupirer.

« Je n'arrive pas à me tourner, décidément, je ne suis pas en forme ! Je ne comprends pas, j'ai l'impression d'être paralysée ! Non, en étant couchée c'est invraisemblable. Même si ça n'a aucun rapport ! Bref, je ne peux pas bouger. Il faut que je parvienne à réfléchir, car tout cela n'a pas beaucoup de sens. Mes orteils ! Je sens le drap épais, mais j'ignore si cela suffit pour savoir si je ne suis pas paralytique ! Je n'en sais rien, mais à présent, ça me fait peur. Et ce drap, il est tellement épais ! Son contact est désagréable. J'en ai vraiment assez, je me lève. Aïe, je ne peux pas pivoter et ça me fait souffrir quand j'essaie. Mes poignets me font mal et mes chevilles aussi. J'ai dû faire une chute. Je me serais tordu les chevilles en tombant, puis j'aurais basculé sur les mains. C'est ainsi que j'ai pu m'abimer les poignets. C'est possible. C'est marrant, je pourrais presque croire que quelqu'un m'a ficelée sur mon lit ! Mais … je suis vraiment attachée ! C'est pour ça que je ne peux pas bouger. J'ai peur. Je dois me libérer. Non, je ne dois pas paniquer. Je dois réfléchir, mais mon Dieu que c'est effrayant. Je panique et je transpire encore davantage. J'aurais été kidnappée, c'est ça ? Un malade m'aura enfermée pour soutirer de l'argent à … je l'ignore ! C'est idiot. Si j'étais riche, je le saurai. Je n'y crois pas ! Non, c'est trop invraisemblable. Je faisais l'amour et cela a mal tourné, genre une séance sado-maso et je me suis évanouie ! N'importe quoi, je ne suis pas une soumise, c'est tout le contraire, jamais je ne me serais laissée attacher. Enfin … je crois, seulement je n'en sais rien, je ne me souviens plus. J'ai été frappée, ce qui expliquerait le sang dans la bouche, puis attachée. Dans ce cas je ne faisais pas l'amour, je serais plutôt violée et battue. C'est possible. Mais je refuse. Oh non ! Quelqu'un me tripote et me fait mal à en crier. Il m'écarte ! Je suis donc attachée pour être violée par un rebut de mec. C'est un cauchemar ! Mais, il me torture cet imbécile ! Il me plante un truc dans le ventre, c'est un malade, ça me brûle, il faut que je crie. Je ne peux pas, impossible de hurler. Ouf, ça va mieux, mon envie d'uriner s'estompe, heureusement, car j'avais trop mal au ventre. C'est curieux, j'ai l'impression de faire pipi dans ce lit où tout est gros et épais ! Mais je ne sens rien de chaud entre mes cuisses. C'est complètement insensé. En tous les cas, je me sens mieux. Ouf, c'est terminé, il ne me viole plus ! Oups ! Non mais, oh ! Personne ne touche à cet endroit. J'ai trop de cheveux, ils m'étouffent et me démangent, j'en ai de collé sur le visage et je transpire encore plus. Je dois me libérer. »

— Je constate qu'il n'y a aucune amélioration ! C'est en passe de devenir inquiétant. Vous ne lui enlèverez pas sa sonde avant la visite de contrôle demain après-midi.

« Mais quelle sonde ? Et qui parle ? Alors c'est pour ça que je n'ai plus mal à la vessie ? Et mon sexe écarté, ce n'était pas une agression, mais la pose du machin ! Je préfère nettement cette hypothèse, même si cette comédie n'a aucun sens. Je serais donc à l'hôpital ! J'avance. Pour être ici, c'est que j'ai eu un accident ou un malaise. Quoi que … agression, maladie, chute … Même viol ! C'est bizarre. Car, c'est quand même étonnant que je n'en aie aucun souvenir. C'est peut-être la raison pour laquelle même les sons sont épais. Je serais droguée pour dormir ou pour m'éviter de souffrir. Ce doit être un médecin qui a parlé, je dois demander. Docteur ? Pourquoi ne me répondez-vous pas ! Monsieur, s'il vous plaît ? À croire qu'il ne m'attend pas. Décidément, ce n'est pas une journée qui commence de manière idéale. À moins qu'il n'ait pas le droit de me parler ! »

— Entendu, Docteur. Pour la perfusion, je maintiens le dosage ?

« C'est une voix de femme, certainement une infirmière. C'est elle qui a dû me mettre la sonde, tant mieux, j'aurais été ennuyée que ce soit ce médecin, en plus, il a une voix jeune. Madame, s'il vous plaît, pourriez-vous m'expliquer ce qui m'est arrivé ? »

— Oui, aucun changement de traitement tant que nous ne la voyons pas réagir. Il est inutile qu'elle s'éveille, c'est trop tôt.

« Qui a une perfusion ? Moi ? Le tableau s'assombrit. Ma main gauche pourrait être endolorie par un cathéter, c'est probablement la raison ! »

— Vous avez vu dans quel état elle est ? Cela me fait mal au cœur de la voir souffrir ainsi et de me sentir aussi impuissante. Elle a l'air d'avoir trop chaud et son corps est couvert de sueur alors que l'aide-soignante est déjà passée pour la toilette. La pauvre, je la lui referai.

— Ne vous inquiétez pas, c'est presque une bonne nouvelle. Nous pouvons espérer qu'elle a commencé à lutter ! La moindre de ses réactions doit être notée, passez la consigne à vos collègues. Mais si vous le pouvez, vous avez raison d'envisager de lui refaire sa toilette. Nous ignorons si elle a conscience de sa situation. Si jamais c'est le cas, elle peut en souffrir.

« Elle ne doit pas se réveiller, qu'ils sont drôles ! Ils n'ont même pas vu que c'était raté, je le suis déjà. Et je réalise parfaitement mon état. Pourquoi parlez-vous de moi ainsi ? C'est fou ce comportement d'indifférence. Ne faites pas comme si j'étais morte ! Je vous parle et je vous demande juste de me répondre. »

— Ses proches devraient être là en fin de matinée, c'est-à-dire dans peu de temps, veillez à la maintenir présentable. Enfin, je vous précise cela comme si vous débutiez, je vous prie de m'excuser.

— Ce n'est pas grave, je comprends que vous ayez ce souci pour elle et son entourage. Ce n'est pas une femme qui permet aisément de garder la distance nécessaire. Ne vous inquiétez pas, je me charge de l'apprêter. Elle sera toute belle.

« Me faire belle ! Alors là, c'est trop fort ! Et je ne comprends rien à cette histoire de distance, ils sont fous ces deux-là ! Et qui viendrait me voir ? Je ne suis pas morte et je suis là juste depuis quelques … Zut, j'ai un trou de mémoire, je ne sais plus. Mais ! Que fait-elle ? Elle me retire mes vêtements ! Me voilà dévêtue sur le lit. Bon, je suis attachée, sous perfusion, j'ai une sonde urinaire et je devais avoir juste une blouse de malade posée sur moi, car je suis nue sans avoir été bougée. Il y a un médecin et une infirmière qui s'inquiètent pour moi, mais je parle et personne ne m'entend ! Si je comprends bien, je suis dans le potage ! Je serais donc évanouie. C'est probable, car tout deviendrait cohérent. À moins que je ne sois anesthésiée, c'est possible aussi. Ou dans le coma. Mais pourquoi me serait-il arrivé cela ? Voyons, hier j'étais … Je n'en sais rien ! Et qui vient me voir ? Ma mère ? Mon père ? Ah d'accord, je ne me rappelle pas non plus si je suis mariée, si j'ai des enfants, si mes parents sont encore vivants ! Bon, pas de panique, je le saurai par déduction. Je vis avec … J'ai … Je ne sais rien sur moi ! Et je suis sans doute censée rester calme. Ma situation se présente mal ! Quel délice ce gant de toilette sur mon ventre, mon Dieu que c'est bon. Continuez. Encore, s'il vous plaît. Vous voyez que je souris ? Je voudrais que vous compreniez que cela me procure un bien-être extraordinaire. Merci, Madame. Comment savoir si je suis dans le coma ou anesthésiée ! Anesthésiée, je ne crois pas qu'il soit possible de penser. En fait, je l'ignore. Oh, que c'est divin ce gant de toilette sur la poitrine et dans le cou ! Pourriez-vous détacher mes poignets, s'il vous plaît ? Donc, si j'étais dans le coma … Tous ces cheveux, c'est insupportable et ils m'énervent. Oui, là aussi c'est bon, mais c'est assez embarrassant que vous me fassiez ma toilette intime. Je dois reconnaître que c'est agréable. Humiliant, mais délicieux. J'aime être propre, vous savez, et en ce moment je transpire tellement ! Oui, évidemment il fallait s'y attendre, la toilette, c'est là aussi ! Mais je déteste être touchée à cet endroit, c'est beaucoup trop dégradant. Arrêtez, s'il vous plaît, respectez-moi, c'est agaçant à la fin ! Je serre les cuisses pour que vous compreniez. Bon, d'accord je ne peux pas. Je vous demande de cesser la toilette, c'est nécessaire, certes, mais en appuyant vous risquez de me … C'est gagné ! Je le savais et je ne peux pas me lever. Génial ! Ah non ! Pas ça. Je le sens, je suis sur le point de me soulager devant cette pauvre infirmière. Mon Dieu, quelle honte ! Je dois me retenir, mais … je ne maîtrise absolument rien. Mais alors, rien du tout ! Je suis vexée à un point … pardonnez-moi, Madame ! J'ai l'impression que cette partie de mon corps vit en totale autonomie. Quelle humiliation ! »

— Détendez-vous, Anne, j'ai vu à temps et ça ne risque rien. J'étais prête, forcément, c'est moi qui vous ai injecté de quoi vous éviter de souffrir inutilement. Je vous ai mis le bassin. Encore un petit effort et vous vous sentirez mieux. Ne vous tracassez pas de ce genre de détails et soyez en paix. Je suis là pour m'occuper de vous. C'est parfait, je commençais à m'inquiéter.

« En plus elle m'appuie sur le ventre, déjà que ça ne me demandait pas la permission … Ouille, ça fait mal, mais qu'est-ce que ça soulage ! Et ça continue, Madame. Madame, non ! N'enlevez pas le bassin, je sens que ce n'est pas le moment, s'il vous plaît, ne me faites pas ça ! Je le savais. Je suis tellement humiliée ! Mais quelle honte ! Voilà que je pleure. C'est la totale. Pourquoi m'infliger une telle déchéance ! »

— Vous pouvez continuer, Anne, ce n'est pas grave, il y a une alaise. Je me suis laissée surprendre, je suis désolée, c'est ma faute.

« Elle est gentille de me dire qu'elle ne l'a pas fait exprès. C'est agréable, elle me caresse le front et me libère de ce paquet de cheveux. Je devrais me raser la tête. Ce geste me détend, mais c'est bien la première fois qu'une femme me cajole le front dans une telle circonstance ! »

— Chut, ne vous inquiétez donc pas, je vois vos larmes. Ce n'est pas si grave, c'est même bien. Je suis contente de voir que votre corps se remet à fonctionner, car voilà trois jours qu'il ne se passait plus rien.

« Trois jours … J'ai une curieuse impression. Cela impliquerait que ça fait plus longtemps, mais c'est compliqué et je n'arrive pas à interpréter. C'est quoi ce délire ? Je suis là depuis quand ? Je suis où et pourquoi ! Je n'y comprends rien et ça m'angoisse. »

— Je crois que vous pouvez m'entendre. Je n'en suis pas certaine, mais je sais que cela peut arriver. Soyez tranquille, je veille sur vous, tous les jours. Voyez le bon côté de l'incident : vous avez droit à une seconde toilette. Pas de quoi faire un drame ! Je crois même qu'au contraire, cela vous procure de la détente. En touchant votre corps, je sollicite vos sens, donc votre cerveau. Dès que j'ai quelques minutes, entre deux autres patients, j'accours et je vous rafraîchis avec le gant, ou alors je vous brosse les cheveux. Je vous parle. À présent, vous êtes bien préparée à recevoir les gens qui vous rendront visite. Ils vous percevront belle, fraîche et parfumée. Et pour vous, c'est sans risque d'accident pendant la visite.

« Merci, Madame, sans vous, dans quel état je serais ! Pourquoi faites-vous cela pour moi ? Nous nous connaissons ? Comment vous appelez-vous ? Vous m'avez appelé Anne à deux reprises, donc il s'agirait de moi. Je m'appelle Anne. J'aime bien. Pourquoi m'avez-vous attachée puisque je ne peux pas bouger ? J'ai quelque chose de cassé ? Bon, je vous laisse travailler tranquille, je suis bavarde, je sais. C'est parce que je suis envahie par une peur panique. J'ignore pourquoi, mais j'ai en moi un fond permanent d'angoisse, ou de terreur. Oh oui, merci, encore sur le visage, s'il vous plaît. Ce gant de toilette, je l'aime. Et dans la bouche aussi, s'il vous plaît, ma bouche, non, attendez, et ma bouche ? Et voilà, je recommence à pleurer. »

— Vous pleurez encore ? Que vous arrive-t-il ! Ne soyez pas inquiète. Vous avez le temps. Ensuite, je vous basculerai sur le côté pour finir de vous laver, totalement. Je sais que vous en avez besoin, car vous vous sentez sans doute un peu salie. Mais, croyez-moi, il ne faut pas pleurer pour ça. Je m'en occupe, c'est promis.

« Légèrement sale … Sans doute une affaire de perception. J'ai honte, certes, mais c'est surtout que j'ai besoin de vous pour ma bouche ! Faites l'effort de comprendre ! »

— Bon, j'ai l'impression que vous êtes convenablement débarrassée, je peux donc vous détacher un bras et une jambe et vous basculer sur le côté. N'ayez pas peur, je vous tiens.

« Elle me détache ! Ouf, que c'est bon, et d'être sur le côté aussi. Qu'est-ce que cela soulage le dos ! Merci, Madame, pour ce que vous faites pour moi. Ma pudeur en prend un coup, mais je dois vous avouer que je suis soulagée que vous me preniez en charge à ce point ! Je suis visiblement totalement dépendante, je dois donc me résigner à cette humiliation, alors merci d'accepter de faire cela pour moi. Elle a parlé de trois jours, mais je serais comme cela depuis combien de temps ? Je n'ai pas mal. Elle m'a détachée et mise sur le côté. À part les attaches de mon poignet et ma cheville, je n'ai aucune douleur. Je n'ai donc rien de cassé, d'ailleurs je n'ai pas de plâtre. Seulement, dans ce cas, pourquoi suis-je ligotée ? Mince, si je suis sanglée alors que je ne suis pas blessée, c'est que je suis chez les fous ! Non, non, non ! Je ne veux pas, je ne suis pas folle ! Au secours, détachez-moi, pitié ! Je ne veux pas, je vous jure que je ne suis pas dingue, c'est une erreur. Je pleure encore, zut. »

— Et voilà, vous êtes propre. Je vous redresse et je vous fais jolie. Normalement je n'ai pas le temps pour cela, mais je le prends. Je vous laverai encore le visage, cela fait toujours beaucoup de bien.

« J'aimerais tant être debout pour une journée complète sous une douche ! »

— Pourquoi pleurez-vous à nouveau ? Je n'ai pas dû vous faire mal, car je veille à agir avec douceur. Je vois à votre respiration que vous vous énervez. Faites-moi confiance, pour ne pas vous infliger une crise, il faut respirer calmement en vous remémorant d'agréables souvenirs !

« Et ma bouche ? Il faut y penser, je suis sûr que j'ai une haleine fétide. Oh, que c'est bon, mais que c'est bon ce gant de toilette sur la figure. Oui, sur les yeux aussi. Les tempes, voilà c'est bien, génial. Je le mettrai dans un cadre dès que je serai sortie. »

— Détendez-vous, Anne, je vous assure que cela vous fera du bien. Pourquoi êtes-vous si crispée ? Vous avez les mâchoires tellement contractées que je ne peux pas vous ouvrir la bouche. Vous voulez bien que je vous rince la bouche ?

« Mais oui que je le veux, je vous dis que je dois puer de la bouche ! En revanche, je ne suis pas tendue, soyez attentive. De toute façon, je crois que je ne peux pas y faire grand-chose. Mais insistez surtout, j'en ai besoin. »

— Mais, vous vous êtes mordu la langue ? J'appelle le médecin, ce n'est pas raisonnable, Anne. Il faut faire un effort malgré vos difficultés, sinon ils augmenteront les doses !

« Comment cela faire un effort ? Et augmenter les doses de quoi ? Alors je suis vraiment folle ? C'est bien ce que vous êtes en train d'insinuer ? Voilà qui annonce des journées difficiles. Je suis une folle chez les fous. Saleté de journée ! »

Le médecin l'examina avec l'aide de l'infirmière, fit la moue, soupira et compléta son observation :

— Laissez-moi voir encore. Effectivement, elle s'est bien mordue ! Vous lui lavez la bouche et vous lui faites un bain désinfectant. Elle ne parle pas et ne mange pas, je ne pense pas qu'il faille la recoudre, mais nous lui mettrons une protection ! Décidément, cette femme est dotée d'une volonté étonnante, car normalement, avec ce dosage, les patients sont comme des légumes. J'espère qu'elle se calmera, sinon il faudra forcer sur le traitement.

« Augmenter un traitement qui empêcherait de se mordre la langue ! C'est délirant ! En fait, je suis endormie, je rêve, où je cauchemarde, et c'est idiot, profondément débile ! Mais là, c'est logique. »

— Oh non ! Ne lui infligez pas ça, même si c'est pour son bien. Elle revient à nous, je le sens. Elle a pleuré à plusieurs reprises en réaction à sa toilette. Je vous assure qu'elle est déjà de retour ! Faites-moi confiance, laissons-lui encore un jour ou deux.

« Merci mille fois, madame, vous savez que je ne suis pas folle, n'est-ce pas ? Je suis fatiguée, ou malade, et cela prête à confusion, c'est ça ? »

— C'est pour sa sécurité, vous voyez bien qu'elle s'est quasiment mutilée.

— Je sais, mais je la connais, c'est une femme volontaire et pleine de ressource. Il ne faut pas la transformer en légume. Elle s'en sortira, je n'ai aucun doute.

« C'est généreux de prendre ma défense, je vous revaudrai ça ! Vouloir me transformer en légume … Cette idée est plus que suspecte ! Je suis donc bien chez les fous, plus aucun doute. C'est du délire ! »

— OK, mais mettez-lui la protection dans la bouche qu'elle ne se la tranche pas.

— Voilà, Anne, il est parti. Je dois vous nettoyer la bouche, et sur la langue, ça pique ! Vous avez senti que je vous ai protégée lorsqu'il est entré ? Je vous ai tout de suite couverte. Je sais bien que vous ne devez pas savoir ce que c'est que d'avoir honte de votre corps, mais … moi, je suis comme ça. Quand je suis chez le médecin pour mes oreilles, je ne veux pas montrer pas mes seins ! Vous devez comprendre que vous pouvez avoir confiance en moi, c'est important que vous ne doutiez pas.

« C'est gentil. Hum ! Mince alors, cela ne pique pas, ça brûle ! Ahhhhhhh que ça pique ! J'ai super mal et cela ne me permet même pas de me réveiller. C'est curieux tout de même. Ah, c'est mieux, elle me nettoie les dents avec une brosse électrique qui m'envoie de l'eau dans la bouche. Que c'est bon. C'est sublime. Cette femme est un ange. Et ce bruit avec du froid dans la bouche, je connais ! Je sais, elle aspire l'eau comme chez le dentiste. Je vous aime, Madame. J'aurais pu dire « adore » ! Même si je lui dois beaucoup. Je suis quand même sévèrement secouée. Je réalise que j'ignore si je suis hétéro ou non ! Peu importe en fait ! Quelle question saugrenue j'arrive à me poser ! Je vous vénère, j'ai bien le droit, non ? Et je savais avoir un souci dans ma bouche, donc, je ne suis pas si folle, finalement ! »

— Vous êtes toute propre. Je prends encore une liberté pour vous parfumer. Il y en a dans votre mallette de toilette. Avec vos cheveux bien arrangés, vous dormez comme une jolie princesse.

« Vous êtes vraiment gentille, Madame. Ça me donne envie de pleurer.

— Vous êtes belle, elle sera contente et soulagée de vous voir ainsi. Elle est si sensible !

« C'est super, mais qui ? Ma mère ? Ma fille ? Ma sœur ? Dites-moi, parlez encore bon sang, je veux savoir. Et si j'étais vieille ? Eh oui, pourquoi ne serais-je pas âgée ! Peut-être que je ne suis pas folle, mais que j'ai la maladie d'Alzheimer ! C'est possible aussi. Quel serait mon âge ! J'en tiens une couche, ça au moins, c'est sûr. Et si c'était juste une méga cuite ! C'est possible aussi. Un coma éthylique. Pas glorieux, mais possible, et j'aimerais mieux qu'Alzheimer. Pourriez-vous aérer la chambre, s'il vous plaît, si quelqu'un entrait, il saurait immédiatement que j'ai fait au lit ! Je suis peut-être folle, je ne sens rien, mais j'ai encore de la jugeote et de l'amour propre. La fenêtre, s'il vous plaît. »

— Je dois voir une autre patiente. Je reviens vite. Soyez courageuse et surtout ne vous énervez pas, c'est mauvais pour votre rétablissement.

« Mais non, ne partez pas, j'ai plein de questions à vous poser. Elle est partie ! Me voilà seule et sanglée sur mon lit comme une démente ! Et si j'avais pris une drogue qui rend débile, un truc genre extasy … Je pourrais être une toxico ! C'est possible ! C'est gênant cet engin dans ma bouche, c'est comme un protège-dents de boxeur, je ne peux plus serrer les mâchoires. Super, en plus, ça me fait baver ! Me voilà bien, ça coule à flot, il faut que j'arrête de saliver, mais plus j'y pense, plus j'en produis. J'ai le menton mouillé, quelle galère. Une démangeaison. Il ne me manquait que ça. J'ai des picotements sous le pied et je ne peux pas me gratter, c'est horrible ! Oh que ça gratte. Et maintenant, mon œil pique aussi. Si je pouvais voir ma chambre, je saurais … Mon dieu, je cherche à savoir à quelle époque je suis ! Il est donc vraisemblable que je sois gravement dérangée ! C'est bizarre quand même. Ah ! Je crois que je risque de rire. Oh oui, je sens le fou-rire arriver. Ah non, c'est une envie de pleurer. Mais non ! C'est curieux cette sensation, je sens comme un besoin de rigoler, ou de sangloter, mais ce n'est pas exactement ça ! C'est dans mon crâne ! Mon cerveau veut hurler. J'ai peur ! J'ai ma tête qui crie, c'est horrible, ça fait mal. Au secours, aidez-moi, je souffre. Madame, il faut m'aider, je risque de devenir folle ! C'est trop inhumain, dépêchez-vous. C'est insupportable et j'ai peur. J'ai mal au cerveau, il se déchire et il crie. Au secours ! Par pitié, aidez-moi … Hummhummhumm … J'ai trop mal, à l'aide. Je veux mourir, il faut que cela s'arrête. Et c'est quoi ce bip-bip qui raisonne dans ma tête !? »

— Anne, que se passe-t-il ? Je suis là. Vous avez une crise, mais il ne vous arrivera rien. Je veille. Calmez-vous. N'ayez pas peur, je passe un gant de toilette frais sur votre visage. Voilà.

« Mais j'ai mal, je ne peux pas me calmer ! Je souffre le martyre, car mon cerveau est en train de se déchirer, vous ne le voyez pas ? Non ? Et vous n'entendez pas comme il hurle ? C'est un cri terrible. »

— Essayez de vous calmer, votre cœur bat trop vite. Je vous injecte un tranquillisant par le cathéter. Il vous soulagera de vos angoisses et tout se passera bien.

« Je n'en peux plus, il faut m'aider à mourir. Je suis tellement fatiguée ! Oh oui, continuez à me passer ce gant sur le visage. Ouf, il hurle moins fort. Soyez patiente, persévérez, j'en ai besoin. Voilà, il se calme, je devrais pouvoir me reposer. Merci, Madame, heureusement que vous êtes là, je crois que j'aurais fini par devenir dingue pour de bon. Ah mince, alors c'est réellement pour cela que je suis ici ! J'ai fait une crise comme les déments, je suis donc folle ! C'est un cauchemar. »

— C'est bien, vous vous calmez, mais vous m'avez fait peur. Heureusement qu'avec ces appareils cela déclenche une alarme. Bon, je m'absente cinq minutes, car je n'avais pas fini à côté, et je reviens.

« OK, ne vous inquiétez pas, je ne bouge pas ! C'est marrant, non ? Je suis fatiguée de toute façon, je dois dormir. Et pour ce qui m'est arrivé, ma crise, aucun commentaire ? Nous faisons comme si c'était normal ? Ou alors, vous ne voulez pas en parler parce que c'est ça ma folie ! C'est bien possible. J'ai sommeil, c'est bon, j'ai envie de dormir. »

Deux jours plus tard.

La porte de la chambre s'ouvrit, une femme ayant la quarantaine, brune avec une coupe au carré, de taille moyenne et en blouse blanche, précédait une blonde aux cheveux longs, plus grande et plus fine, mi-trentaine, en jeans avec un chemisier blanc. Elles étaient en discussion sur la santé d'Anne :

— Non, elle est comme ça depuis son arrivée, pas un mot, pas un réveil, rien.

— Je connais. Véronique, en ce moment, elle dort à cause des médicaments ou elle est … absente !

— Grand mystère. Pour l'instant, je pense qu'elle doit dormir, car je lui ai fait sa toilette il y a une heure trente et cela a dû la fatiguer. Ensuite, elle a eu une crise forcément épuisante, comme ses trois derniers jours après la toilette, et je lui ai administré de quoi lui permettre de se détendre. Mais tu verras, observes là attentivement. Je lui parle beaucoup, et par moment, je suis certaine qu'elle m'entend ou ressent, car elle réagit. J'en suis persuadée.

— Merci mille fois, Véronique. Tu es parfaite, comme toujours.

— Merci, j'apprécie. Lise, tu dois le faire aussi, c'est important. Nous n'avons aucune certitude, mais beaucoup pensent que cela peut les aider à revenir à nous.

— Je sais gérer. J'ai déjà pratiqué avec elle. C'est généreux tout ce que tu accomplis pour elle depuis deux semaines.

« Véronique. Vous vous appelez, Véronique. C'est bien, cela me sera plus facile de vous parler en connaissant votre prénom. Et moi, comment est-ce que je m'appelle ? J'aimerais aussi savoir où je suis et pourquoi ! Et la seconde femme, elle parle de moi où il y a une autre personne dans la pièce ? Un effort, parlez toutes les deux. Quinze jours de quoi ? Que fait-elle depuis quinze jours ? Je suis dans le coton, tout est mou et atténué. En plus, qu'est-ce que c'est épais ici ! Je suis qui, en fait ? Je suis blessée ? J'ai eu un accident ? Je suis malade ? Je n'arrive pas à bouger, c'est bizarre. »

— Véronique, dorénavant, pourrais-je rester avec elle ? Je veux dire, tous les jours ! Ces journées à ne pouvoir la regarder que derrière cette vitre, je n'en peux plus. Je voudrais lui expliquer, seule à seule.

— Oui, les crises s'espacent, mais ne la fatigue pas. En cas de besoin, tu appuies sur ce bouton rouge, là, sur le mur. À tout à l'heure.

« Un bébé ne doit pas savoir qui il est, c'est normal, donc je pourrais être un bébé ! C'est possible. Ou alors je suis centenaire ! Moins plaisant, mais à envisager. »

— Merci. Voilà, Anne, elle est partie et nous sommes enfin réunies et seules. Elle est bien Véronique, je vois qu'elle prend soin de toi. Tu es toujours belle et tu sens si bon que tu sembles dormir paisiblement. J'aurais voulu venir avant, mais ils ne m'ont pas laissée entrer, alors je te regardais derrière une vitre. Aujourd'hui, c'était l'heure de la toilette et j'ai dû encore rester dehors ! Je leur ai expliqué que cela n'était pas embarrassant, mais ils n'ont rien voulu entendre. Puis tu t'es endormie.

« Que ce n'est pas gênant … Vous en parlez à votre aise, moi, je considère avoir été suffisamment humiliée pour ne pas, en plus, faire venir des spectateurs ! Vous êtes qui pour avoir cette familiarité ? Si j'ai bien compris, vous vous appelez Lise. Et moi, Anne. Parlez, faites preuve de jugeote, vous ne m'entendez pas, mais vous pourriez deviner que je veux savoir ! Non ? »

— Tu me manques. Tu le sais. Je n'arrive pas à me faire à l'idée que tu sois dans cet état. J'ai toujours redouté ce cauchemar. Tu dois te révolter, Anne. Je t'attends.

« C'est gentil, mais cela ne me dit toujours pas qui tu es ! Lise, tu es ma maman ? Ma sœur, ma fille, petite fille, tante, amie, cousine ? Cet air mou qui me touche le visage, que c'est désagréable. Les draps épais sont déjà pénibles, mais voilà en plus que l'air s'y met ! Quelle galère. Et si j'étais dans une maison de retraite ? Parle. »

— Depuis ton départ, je n'arrête pas de faire du rangement. Je bouge les meubles, j'ai changé la décoration de ma, enfin, de notre chambre. C'est plus fonctionnel et notre lit est devant le grand miroir, tu devrais aimer ! Tu as remarqué, je dis départ, comme si tu t'étais simplement absentée pour un déplacement professionnel. Cela m'aide à gérer. Et j'espère que c'est pareil pour toi.

« Notre chambre ? Mince alors, donc tu ne serais ni ma fille ni ma mère. Peut-être ma sœur. Sinon … une lesbienne ? C'est ça ? C'est bizarre ! Pour dormir avec ma sœur, je serais toute jeune. Sauf qu'elle parle de miroir. Et de travail. Je ne suis pas un homme quand même, je le saurais. En fait, je l'ignore. Mais à priori, je m'appelle Anne. Je suis mal partie, ça, c'est ma seule certitude. Alors si tu es lesbienne, j'en suis une aussi, c'est logique. Bon, pourquoi pas. J'espère que tu es jolie. Et j'ai un travail pour lequel je me déplace. Voilà que l'air est épais, il ne manquait plus que ça. Ah non, ce sont les sons. J'ai sommeil. J'ai de la bave dans le cou, si cela pouvait intéresser quelqu'un ! »

— Pourquoi as-tu ce truc dans la bouche ? C'est comme si tu t'apprêtais à disputer un match de boxe. Tu t'imagines sur un ring, vêtue d'un short comme les jeunes qui ont honte de leur peau, mais torse nu ? Et au premier bourre-pif, tu tirerais une telle tronche que ton adversaire serait forfait sur fou-rire ! Tu n'es pourtant pas en état de chahuter !

« Je sais et ça me fait baver, mais ils ne m'ont pas vraiment demandé mon avis ! Je suis Anne, je vis avec Lise, qui fait des blagues pourries, je n'ai probablement pas d'enfant et pas de mari, mais un travail ! Voilà, je ne suis pas si folle que ça, je reconstruis ma vie, sans aide certes, puisque personne ne fait l'effort de m'entendre et encore moins celui de me parler de ma vie. »

— Paul voulait venir avec moi, mais il a été contraint de partir en voyage d'affaires. Il doit passer ce soir au moment du repas.

« Qui c'est celui-là ? Et ce soir, c'est quand ! Quelle heure est-il ? Ton frère, le mien ? Un copain ? Et si j'étais une enfant ? C'est peut-être ma sœur, alors je ne serais pas lesbienne. Et Paul … Mon papa ? Ou notre frangin. Je ne sais pas. Ça commence à m'énerver. »

— Tu ne dois pas t'inquiéter pour lui, je lui prépare ses repas tous les jours. En début d'après-midi, pendant qu'il est à son travail, je fais aussi le ménage. C'est impeccable. Tu retrouveras ta maison et ton mari comme si tu étais partie la veille !

« Mon mari ? Ma maison ? Mince alors, ça se complique, j'ai un mari qui s'appelle Paul. Et je vis avec lui ! Donc, je suis mariée et j'aurais une maîtresse … Bon, c'est ma journée de toute façon ! Et je n'ai pas un amant au moins ? Parce que comme c'est parti, pourquoi pas ! Je ne suis pas vieille, un mari et une maîtresse … Il faut assumer ! Je dirais entre trente et cinquante ans. Oh oui, continuez, c'est bon, j'adore ces caresses sur le front. Et les cheveux ? J'ai la tête qui me gratte ! »

— Je peux regarder sous le drap pour voir si tu es nue ou non ? Oui ? Tu es gentille. Alors je jette un œil.

« J'ignore si je suis nue ou pas, mais je doute que cela puisse me faire plaisir de le montrer, c'est spécial comme idée ! »

— Mais, tu es attachée ! Pourquoi ? Qui t'a infligé cette horreur ? Je les appelle immédiatement, ne t'inquiète pas.

Lise pressa le bouton rouge et Véronique arriva dans la minute.

« Je crois me souvenir que je suis effectivement ligotée, mais pour quelle raison, ça … »

— Véronique, regarde, c'est abominable, elle est ficelée au lit !
— Je le sais, Lise, mais tu n'aurais pas dû le voir ! Nous avons été obligés de la sangler, car pendant les crises, il pourrait arriver qu'elle se blesse violemment. Et comme tu ne tarderas pas à me le demander, l'appareil dans la bouche, c'est pour la même raison.

« Je fais des crises de folie ! Les cris de mon cerveau, je m'en rappelle, une souffrance affreuse. Alors c'est ça, je suis folle ! Et je me blesse ! J'aurais préféré une grosse cuite. »

— Mais alors, c'est grave à ce point ? Je pensais que … Je ne sais pas trop, mais genre elle affrontait une sorte de gros malaise, une fatigue importante ou une dépression !
— Ah non ! C'est plus sérieux. Elle aurait eu soixante-dix ou quatre-vingts ans, ce n'était pas pareil, mais à la mi-trentaine, c'est grave et préoccupant. Même par affection, je ne peux pas te laisser croire que c'est du même niveau qu'une grosse grippe. Il serait préférable que tu en parles avec le médecin.

« Enfin une bonne nouvelle, je ne suis pas vieille. Peu ou prou trente-cinq ans, c'est un bel âge pour les femmes, super. En revanche, elle a l'air de considérer que je suis mal engagée ! Voilà que je grelotte, je dois avoir froid ! Vous pourriez sans doute éteindre le climatiseur. S'il vous plaît, intervenez, j'ai tellement froid. »

— Elle a froid, non ? Je crois qu'elle frémit.

« La bonne blague ! Ben oui, si je grelotte, c'est que je suis gelée ! Couvre-moi, andouille, paumée, mais laisse-moi tranquille. Mon Dieu que j'ai froid. Si c'est la mort qui vient pour moi, c'est super, je fais le déplacement avec elle. Je me demande si je crois en Dieu ! »

— Reste prêt d'elle, parle-lui, mais ne la touche pas, je file chercher le médecin, car elle s'apprête à subir une crise. Tu ne la touches pas.

« Ah, les crétines ! Je ne prépare pas une crise, je suis glacée, couvrez-moi et c'est tout ! Ce qu'ils peuvent m'énerver. Je transpire tellement … c'est pour ça que j'ai froid. J'ai trop chaud, ils ne comprennent rien. Je dois avoir de la fièvre, car je suis brulante. Ça m'en fait mal à la tête. »

— Anne ? Tu m'entends, ne panique pas, le médecin arrive. Il t'aidera et tu seras soignée. Je ne peux pas et je suis tellement désolée, mais j'ignore ce qu'il faut faire, ma puce.

« Mais enfin, il faut arrêter de me parler, ça fait hurler mon cerveau ! Ça y est, il recommence. C'est horrible, cette fois j'y reste, j'ai trop mal ! Mais pourquoi personne n'entend ce hurlement ! Il a tellement mal, aidez-moi, mais par pitié, ne me parlez plus. Au secours ! Il se déchire encore, j'ai peur. Au secours ! J'ai trop peur, il se fissure et hurle ! Il se sépare en deux, j'ai peur ! Aidez-moi, faites ce que vous voulez de mon corps, mais aidez-moi ! »

— Mais, tu es trempée à présent, que t'arrive-t-il ? Et pourquoi est-ce que tout ce bazar se met à sonner ? Anne ? Anne ?

— Sortez vite, s'il vous plaît, je m'en occupe. Véronique, préparez l'injection. Elle est en pleine crise. Madame, dépêchez-vous de sortir, vous ne pouvez pas rester, car vous nous ralentiriez dans notre travail. Ce n'est pas le moment !

Effrayée, Lise sortit et se posta face à la porte, impatiente de retourner auprès d'Anne. En soixante secondes, sa stupeur fit place aux pleurs. Une dizaine de minutes interminables plus tard, le médecin sortait à son tour et lui expliqua qu'elle devrait attendre que l'infirmière l'autorise à entrer. Dépitée, impuissante, apeurée, Lise pleura pendant cinq de plus qui passèrent lentement, jusqu'au moment où la porte de la chambre s'entrouvrit à nouveau :

— Lise, tu peux venir, mais ne parles pas fort.

— Merci beaucoup pour ce que vous faites. Comment est-elle ?

— La crise est passée, je pense qu'elle dort.

— Mais la crise de quoi ? Vous savez à présent comment les soigner ?

— Il m'est difficile de tout comprendre d'un point de vue médical, car je ne suis pas une spécialiste du cerveau, ni même médecin, ne l'oublie pas. Toutefois, je connais les conséquences de ce genre de maladie et ce qu'endure le malade. C'est comme si son cerveau avait décroché. Elle n'a plus la même perception des choses que nous. Ce qui est insignifiant pour nous peut devenir pour elle une torture terrible, insupportable, pouvant la pousser à vouloir mourir. Il est difficile de savoir si elle s'est coupée de ce monde pour être en paix ou si c'est un accident qui l'a isolée en l'empêchant de fonctionner normalement. La phase de rupture semble être une terrible épreuve.

— Ses crises indiquent qu'elle serait toujours dans une phase d'aggravation ?

— Cela pourrait être le cas. Mais les médecins pensent qu'elle est stabilisée, pour nous dans le coma, et que les crises sont liées à des tentatives de reprises de contact avec la réalité ou de rétablissement du fonctionnement. L'effort provoquerait une douleur terrible dont tu as vu le résultat. Nous avons donc dû l'attacher, car sous le coup d'une telle souffrance, les malades peuvent se suicider pour mettre un terme à cette horreur.

— Cela veut dire qu'Anne est … perdue ? C'est fini pour elle ? Véronique, c'est le message que tu essaies de me faire passer ?

— En réalité, Lise, personne ne peut véritablement le prévoir. Elle pourrait ne jamais nous revenir, c'est une éventualité. Je sais qu'elle a déjà eu une crise de ce genre il y a moins d'un an, lorsqu'elle t'avait violemment battue, même si tu es restée discrète sur la cause de son geste. J'ai bien compris qu'elle avait eu un comportement anormal, puis elle a sombré quelques jours. Elle était revenue à nous, mais comme tu le constates, c'était provisoire. Cette fois, même si elle en revient, il lui faudra des mois, voire des années pour retrouver une vie sociale et affective.

— Des mois ? Des années ? Mais ce n'est pas possible. Pas Anne, tu ne connais pas ses ressources, elle est brillante, forte, intelligente, vive, elle pétille de vie, elle est belle, et … elle est toute ma vie ! Tu le sais ! Sans Anne, je ne suis … que du vide.

Lise s'effondra en sanglot sur l'épaule de Véronique qui la consola dans ses bras avec tendresse.

— Véronique, je crois que je devrais parler au médecin.

— Je te l'envoie. Lise, je dois retourner auprès de mes autres patientes, mais je reviens le plus vite possible. Si tu veux, je te fais un petit coucou rapide à chaque fois que je passe devant la chambre.

— Oui, merci. Je veux rester avec elle. Je lui parle ou je la laisse se reposer ?

— Laisse-là se détendre. Tu peux lui caresser le front et les cheveux avec douceur, cela fait du bien et c'est apaisant. Si jamais … C'est embarrassant pour moi de te parler d'Anne ainsi, Lise, en plus c'est une amie, mais … Lise, je ne lui ai pas remis de couche ! Cela lui fait du bien d'être découverte, mais c'était aussi pour qu'elle soit le plus normal possible pour ta visite et celle de Paul. Alors si tu restes, tu comprends ? Surtout, tu m'appelles tout de suite et tu ne fais rien ! Tu sors et tu m'appelles, tu ne dois pas la voir ainsi, d'accord ?

— Une couche, Anne ! Mais … mais … Oui !

— Je sais, tout cela n'a aucun sens, c'est dur, mais elle a besoin d'être prise en charge, ici. Bisous, sois forte.

Lise s'assit lourdement près de la tête de lit et observa cette grande femme brune allongée dont elle était si éperdument amoureuse, avec son physique si parfait et toujours belle malgré son état de santé.

Elles étaient devenues amoureusement complices dès la sortie de l'adolescence jusqu'à ce jour, malgré le mariage d'Anne avec Paul, un grand brun, bel homme du même âge. Dès ce jour, Anne avait mis un terme à leurs rapports amoureux tout en maintenant une forte relation d'amitié. Certes, pour sa part Lise était restée éprise, mais la peur de la perdre totalement faisait qu'elle avait accepté ce changement. Lise était aussi une belle femme, presque de la même taille, mais blonde, plus svelte et femme enfant que son amie.

Depuis toujours, elles étaient conscientes du duo hors normes qu'elles formaient. Elles s'amusaient parfois à jouer de leur physique, par exemple lorsqu'en flânant dans les boutiques, elles jouaient les fofolles. Elles riaient en constatant l'effet qu'elles produisaient sur les observateurs. Paul avait accepté Lise. Son physique associé à sa capacité à irradier son entourage avait contribué à faciliter la chose, dès le premier jour. Ils vivaient aussi souvent que possible à trois, chez le couple ou au domicile de la jeune femme qui résidait dans la maison attenante par les jardins.

Ils avaient même connu une phase triolisme agréable qui avait duré plusieurs mois dans la plus parfaire des complicités. Cette relation avait pris fin avec un drame, la fameuse crise d'Anne dont Véronique avait fait état, puisqu'elle avait assisté et soigné Lise sérieusement blessée. Le trio avait alors mis un terme à son existence. Le couple était redevenu duo, mais l'épouse avait conservé sa maîtresse, secrètement pendant quelque temps, puis révélée à son conjoint qui lui laissait cette liberté, par amour et en toute confiance, mais aussi par crainte de la voir s'éteindre, ou qu'elle ne fasse pas le choix de rester avec lui.

CHAPITRE 2

Lise lui caressait tendrement le front, remontant sur ses cheveux puis redescendant jusqu'aux épaules. De temps à autre, elle lui essuyait la commissure des lèvres pour éponger la salive qui, doucement, s'écoulait à un rythme variant avec ses émotions durant ses phases de présence, mais cela, seule Anne le savait. Avec une certaine appréhension, Lise se pencha au-dessus de son visage et, du bout des lèvres, lui déposa un léger baiser sur le front puis fit de même sur sa lèvre supérieure soulevée par l'appareillage en plastique :

— Paul devrait arriver. Es-tu reposée ? Véronique m'a dit ton besoin vital de repos. Je t'observe, en silence. Je caresse tes cheveux. N'aie pas peur, je ne pars pas, mais je dois me rafraîchir l'haleine. Tu me connais ! Paul arrive et j'ai besoin de me sentir au moins présentable, à défaut d'être impeccable. Tout comme toi, ma puce.

Elle se leva avec précaution et utilisa la salle d'eau de la chambre d'hôpital. En se regardant machinalement dans le miroir pour ajuster ses cheveux, elle se dévisagea et resta interdite. Sa coiffure laissait à penser qu'elle se levait, ses yeux étaient boursoufflés d'avoir trop pleuré, elle avait omis de se maquiller et sa tenue était fripée. Déstabilisée, elle passa une main sous son aisselle et constata qu'elle sentait la transpiration ! Elle ponctua son bilan d'un haussement d'épaules et, résignée, accepta d'un soupir en s'adressant un regard consterné avant de s'en retourner auprès d'Anne :

— Si tu me voyais ! Tu ne serais pas contente. Tu me rappellerais mes obligations envers mon corps et toi. Je peux te l'avouer, je me laisse aller ! Je ne suis pas belle, je sens la voyageuse, j'ai les traits tirés les yeux pochés. Pour ce qui est d'être impeccable … c'est loupé !

« Ah, tu es toujours là ? Si je ne me trompe pas, tu es Lise. Je me sens bien. C'est gentil d'être revenue me voir. J'ai envie d'essayer de me lever, je me sens vraiment en forme, encore pâteuse, mais je suis à peine éveillée, donc c'est normal. Tu pourrais regarder ce qui me gêne, je ne peux pas bouger ? »

— Tu sais, je t'aime encore plus fort ! Je serai là autant de temps que tu en auras besoin. Tu n'as pas à t'en inquiéter. Tu ne seras jamais seule. Je suis là tous les après-midis, jusqu'au soir. Paul est présent à la pause déjeuner et en soirée. Le matin, et un peu tout le temps, tu as Véronique. Elle est aussi consternée que nous de te voir ainsi. En plus, elle sait ce que tu représentes pour moi et m'a promis de faire pour toi autant qu'elle le pourrait. C'est une femme remarquable, dévouée, humaine et d'une grande patience. Je l'appréciais déjà, mais en la voyant aussi disponible et dévouée pour toi, je la découvre et je l'admire. Lorsque tu t'éveilleras, tu réaliseras que dans notre malheur, nous avons de la chance qu'elle soit là.

« Comment ça lorsque je m'éveillerai ! Tu délires ? Je te demande de m'aider parce que … Ah d'accord, je ne peux pas me lever, parce que je dors. Forcément. Donc, tu ne m'entends pas ? C'est quoi cet oreiller en toile de jute ? Tous ces cheveux m'insupportent. Ma peau m'étouffe. L'air est épais, non ? »

— Tu dois être à des années-lumière d'y songer, mais au-delà de ta présence, la chaleur de ton corps me manque aussi. La nuit, il m'arrive de te chercher de la main. C'est d'ailleurs étonnant, car les jours où tu dors avec Paul, je ne te cherche pas, même en dormant, comme si je savais dans mon sommeil que tout était normal. Mais là, ma main te demande. Je me tourne et je m'éveille seule. Alors je soupire, parfois je pleure, et je te murmure que je t'aime. Paul m'a confié qu'il agissait de la même manière. Je te parle de lui la nuit, mais ne te tracasse pas de ça, nous n'avons aucun rapport ensemble, tu nous manques trop pour que nous pensions à nous de cette façon-là.

« Eh ! Ce n'est pas confesse, ici ! Je dors, mais je t'entends, tout n'est peut-être pas à dire, mince alors ! Je ne vous connais plus, certes, mais pourquoi coucherais-tu avec mon mari ? Et pourquoi mon mari coucherait-il avec ma maîtresse ! Je suis dans le potage, soit, mais tu es extravertie et planante. Ou alors, il me manque un gros bout des informations. Mais bon, c'est pour la forme, manière de discuter, car en réalité je m'en fiche. Ça m'intéresse autant que la météo. Je ne suis pas concernée. En revanche, si tu pouvais me gratter le mollet gauche, ça m'arrangerait, j'ai des fourmis. Et essuie-moi la bouche, je bave. »

Bien que ne l'entendant pas, Lise, apercevant sa salive couler, l'essuya avec douceur.

« Merci, c'est gentil. Je ne comprends pas que parfois personne ne m'entende, et d'autres, comme là, si. »

— Ce soir, je me préparerai des légumes vapeur, ensuite je m'offrirai un bain pour prendre soin de moi, car je dois rester prête pour ton retour. Tu sais, c'est étrange de te parler. Tu as l'air si détendue, mais si absente depuis si longtemps ! Ça me déchire le cœur. Excuse-moi, je pleure. Je ne devrais pas en étant avec toi, je sais bien, mais je n'y peux plus rien. Je larmoie plusieurs heures par jour en ce moment.

« Tu as un gros chagrin, toi, mais mon champ d'action se limite à me vider et à couler ! Pour l'instant, j'ai froid. Je me sens faible, je crois que je ne peux plus bouger du tout. Je viens de dormir, enfin je crois, mais là, j'ai un coup de fatigue énorme. Je suis désolée, je dois me rendormir. Mais j'ai vraiment de plus en plus froid. Je suis même gelée. Lise, c'est vous ? J'ai peur, je me sens partir. Tu devrais peut-être appeler le médecin, c'est bizarre ! »

— Ne sursaute pas, je dois te toucher pour te passer un mouchoir sur la bouche. Tu salives et tu baves à cause de ce truc en plastique. Voilà Paul qui arrive. Coucou, Paul, nous t'attendions.

— Bonsoir, tu pleures ! Elle est plus mal ? Que se passe-t-il ? Un nouveau problème ?

— Non, rien n'a changé, mais je sanglote. Tu sais bien qu'en ce moment, je ne fais plus que ça jour et nuit. Mais ne t'inquiète pas. Elle est calme. Si paisible !

« Voilà donc Paul ! Mais tu tombes mal, mon mari, j'ai l'impression de préparer un malaise. Je suis brusquement exténuée. Tellement épuisée et gelée ! Je dois dormir. Il le faut, car je n'en peux plus. Je voulais rester avec vous pour vous écouter, mais je suis au bout. Je suis tellement affaiblie, vidée, épuisée … je n'ai plus la force de me battre. Je crois que l'heure de la capitulation est venue. J'ai envie de me laisser glisser. J'ai besoin d'être en paix. J'en suis désolée, car vous semblez tenir à moi, mais je suis au bout, je dois vous quitter … Je ne supporte plus de souffrir autant, ne vous inquiétez pas pour moi, c'est mon choix. Je veux en finir. Ah … c'est étrange ! Je suis mieux ! Je n'ai plus froid, il fait même bon. Qu'est-ce que je me sens mieux ! Ouah ! En plus, je suis éveillée et je vous vois ! Je vous vois ! Lise, je te vois. Tu es drôlement jolie ! Ta robe est sympa, peut-être trop courte, et tu ne devrais pas tant pleurer, car tes yeux sont marqués, mais je suis contente, tu me plais. Et Paul, c'est toi ! Pas mal. Beau mec, pantalon noir chemise blanche, du classique, mais porté avec classe, jolie silhouette sportive. Je suis une veinarde, un bel homme, une belle femme ! Paul, je te vois, tu t'en aperçois ? Regardez mes yeux, zut alors ! Vous ne voyez donc pas que je vous observe ? »

— Elle a l'air si calme ! Elle est belle, n'est-ce pas, Lise ? Si elle pouvait entendre comme je l'aime !

« *Eh oh ! Vous avez l'air de m'aimer, c'est gentil, mais si en plus vous daigniez me regarder dans les yeux, vous verriez que je suis éveillée ! Bon, vous me voyez. Et là, ça y est ? Nous perdons du temps et c'est stupide, car si je repars, personne ne saura que je suis revenue ! Vous êtes assez désespérants. Je patiente.* »

— Lise, pourquoi est-ce que tout se met à sonner ? Que se passe-t-il ?
— Je l'ignore, ça s'est déjà produit une fois lorsqu'elle a fait une crise, mais cette fois, elle est parfaitement sereine.

« *La chambre est jolie pour un hôpital, c'est clair, la tapisserie en tissé crème est chaude, c'est moderne et je vois que j'ai même droit un à moniteur multifonction juste à portée de main sur un bras articulé ! Mieux qu'à la maison finalement. Et cette chaleur est apaisante, elle me soulage à un point !* »

— Elle est magnifique, Paul. Même absente, elle a gardé sa classe. Tu peux lui parler. Véronique pense qu'elle entend par moment malgré le traitement. Moi, je lui ai dit déjà plein de fois à quel point je l'aime et que même son corps me manquait. Je lui raconte ce que je fais à la maison, comment nous gérons son absence … Je me confie.
— Elle a l'air tellement apaisée que je n'arrive pas à assimiler qu'elle puisse souffrir !

« *Ah bon ! Voilà autre chose ! Si je comprends bien, mon mari sait que j'ai une maîtresse, et non seulement ils se connaissent, mais en plus ils se fréquentent et ont sympathisé ! Mais, vous me regardez, je vous vois me fixer, alors pourquoi ne remarquez-vous pas mes yeux ouverts ? Ah non, j'ai les yeux fermés, je croyais pourtant … C'est vrai que j'ai l'air calme. Je ne suis pas mal du tout, ah, mais oui ! Ils sont beaux et je ne dépareille pas ! Je suis même une belle femme ! Cela me fait du bien de me voir comme ça. J'ai l'impression de planer tellement je suis soulagée. Comme c'est doux de pouvoir voler. C'est génial, je n'ai plus mal nulle part, je n'ai plus froid et mon corps est devenu si léger que je suis libre ! Et puis, dans ma tête tout est maintenant merveilleusement doux et calme. Ce qui m'étonne, c'est que je les vois alors que j'ai les yeux fermés ! Et si je me vois … C'est que je suis … au-dessus du lit ! Je vois tout de haut ! Donc je vole pour de bon, ce n'est pas une sensation, je nous vois et je continue de monter. Quelle journée !* »

— C'est bruyant leur bazar, nous devrions peut-être prévenir Véronique.

Cette lumière me procure un tel bien-être ! Je continue de m'approcher d'elle, car elle me réchauffe. C'est doux. Mais c'est quoi au juste, cette lumière ? Je veux savoir, c'est étrange. Oh non ! Cette lumière, c'est LÀ lumière ! Je nous vois et je monte vers la lumière, je suis donc en train de mourir ! Mince ! Mais je ne veux pas, ah mais non, je ne suis pas prête ! J'évoquais le vouloir, mais plus maintenant, je suis bien. Je veux redescendre, aidez-moi vous deux ! Vous ne voyez pas que je suis morte ? »

— Tu as raison, Paul, ce vacarme est insupportable. Heureusement qu'Anne reste sereine !

« Évidemment que je suis calme, je suis morte ! Ne me laissez pas partir comme ça, c'est trop bête … c'est nul comme départ ! S'il vous plaît, gardez-moi encore, aidez-moi ! »

La porte s'ouvrit brusquement sur une équipe bruyante qui portait du matériel :

— Sortez, vite, tout de suite, il n'y a pas une seconde à perdre.

Lise et Paul furent poussés dehors par l'un de ceux qui étaient entrés en courant dans la chambre. Fébriles d'inquiétudes et d'incompréhension, ils échangèrent un regard alors qu'ils se tenaient penauds devant la porte et comprirent en même temps le drame qui se déroulait. Son cœur s'était arrêté et Anne était morte devant eux alors qu'ils parlaient, dans un calme a posteriori terrible. Tout en silence, sa vie s'en était allée, simplement, sans qu'il ne se passât quoi que ce soit de particulier. Elle était partie, c'était le seul changement. Les yeux agrandis par l'effroi, Lise mit ses mains devant son visage et éclata en violents sanglots, étouffant par asphyxie ses hurlements. Le plus impossible des pires cauchemars devenait réalité en cet instant. Le tournis s'installait, ses jambes devenaient molles, ses épaules et ses bras se lestaient de plomb, elle se voutait, ses yeux glissaient dans le creux des joues, ses lèvres tremblaient autant que ses mains, elle avait cent ans. Livide, Paul chercha des yeux de quoi s'asseoir, car le vide l'aspirait, des larmes coulaient sur ses joues, il respirait difficilement et devait récupérer pour comprendre, car forcément, tout cela n'existait pas. Il marmonna simplement :

— Mais ce n'est pas réel, elle ne peut pas partir comme ça, ce n'est pas juste … Lise, c'est quoi ce délire ?

— Huuummm … Je veux partir avec elle ! Personne ne nous séparera.

« *Je mobilise du monde. Ils sont quatre que je ne connais pas autour de moi et je vois cette femme qu'ils appellent Véronique qui court partout. Elle est pâle. Ce n'est pas bon signe. Et voilà, je suis nue devant tout le monde ! Attachée avec les jambes écartées … au revoir la classe, bonjour l'impudeur ! Avec toutes ces sangles, ça donne un côté sexy malgré tout. La plante est jolie, mais ils n'ont pas l'air d'avoir la tête à s'amuser ! Hé ! Non mais, doucement ! Attention, je ne suis pas incassable, mince alors ! Oh, c'est tout noir, je ne vois plus rien ! Tiens, je redescends. C'est étonnant. Ça signifie quoi ? Je finis de mourir ou je réintègre mon corps ? Ouf, je réintègre, mais j'ai mal et j'ai froid. J'ai eu une sacrée peur. Alors comme ça, j'ai vu la lumière et je peux revenir ! Il faut que j'en profite pour savoir, j'y retourne tout de suite pour l'approcher de plus près et mieux la distinguer. Je voudrais la réponse à ce qui peut générer une lumière pareille. J'essaie. C'est marrant, j'y arrive, je remonte. Que c'est doux !* »

— Dépêchez-vous, elle décroche à nouveau. Choc go …

« *Ah non, je ne monte plus, c'est raté, je redescends. Mais j'ai mal, et pour de bon ! Que se passe-t-il ? Je ne vois plus rien. Qui me fait mal à ce point ? Qui m'a écrasé la poitrine ? Je suis trop fatiguée, je sens le sommeil arriver, ça me fera du bien. Qu'est-ce que j'ai mal ! Ça y est, je dors.* »

— Elle revient de loin ! Nous l'avons rattrapée de justesse deux fois. Excellent travail tout le monde, nous repartons. Véronique, vous restez en surveillance. Au moindre doute, vous nous appelez, il faudra prendre des décisions.

Les quatre urgentistes sortirent. L'un deux vit le couple effondré, leur posa chacun une main réconfortante sur l'épaule en les observant. Les deux lui adressèrent dans la fraction de seconde un regard de pitié, dispensé de mots tant ils le suppliaient de leur affirmer qu'elle n'était pas morte.

— Vous pouvez entrer. Elle nous a fait une belle frayeur, mais elle est forte. Soyez discrets. Si vous ne la fatiguez pas, vous pourrez rester un peu, je crois que vous êtes dans la nécessité ! Mais si l'infirmière vous le demande, soyez gentil de sortir sans discuter pour laisser la patiente se reposer. C'est ainsi que vous l'aiderez, et elle en a besoin.

Paul se leva incrédule et les regarda, hébété :

— Une belle frayeur ! Comment ça ? Soyez précis. S'il vous plaît. Seriez-vous en train de m'expliquer que mon épouse n'est pas décédée ? Anne n'est pas morte ?

— Elle nous est revenue, soyez rassuré. Elle est de nouveau avec nous, l'alerte est passée. Heureusement qu'elle est hospitalisée, car même ici, elle a bien failli nous échapper ! Son cœur a eu une faiblesse, mais tout est rentré dans l'ordre.

— Mon Dieu merci, merci vous tous, je ne sais pas vous exprimer ma reconnaissance !

Lise avait la plus grande peine à contrôler sa crise de nerfs, les spasmes des pleurs étaient si rapprochés qu'ils semblaient être à même de l'empêcher de respirer et ses mains crispées sur son visage vibraient. Paul lui prit les poignets fermement, la tira contre lui en la forçant à le prendre dans ses bras, puis lui demanda de se reprendre avant d'entrer dans la chambre en lui précisant que si elle n'y parvenait pas, elle devrait rester seule dans le couloir le temps nécessaire. L'effet fut celui d'une douche froide et elle se reprit en quelques dizaines de secondes tant sa volonté de la voir était forte. Il prit la jeune femme choquée par la main, poussa presque avec crainte la porte de la chambre de son épouse, interrogea Véronique qui s'activait toujours auprès d'Anne, inconsciente :

— Véronique, pouvons-nous entrer ?

— Lise, Paul ! Son cœur nous a fait une grosse frayeur, mais l'équipe a su réagir et nous la garder. Venez près d'elle, je crois que vous en avez autant besoin qu'elle !

— Son cœur s'est arrêté, c'est bien cela, Véro, elle est morte devant nous ? Comme ça, elle est partie sans bouger ?

— Oui, Lise, c'est ça, mais ne panique pas, l'alerte est passée. J'ai eu peur aussi, j'en tremble encore de partout. Je dois lui passer du baume sur la poitrine, car elle a été malmenée, mais dans ces cas-là nous n'avons pas le choix. Quelques secondes peuvent faire la différence. Ça l'apaisera, elle aura moins mal pour demain et cela limitera les hématomes. Vous pouvez rester tous les deux, ce n'est pas gênant, je sais pour vous trois.

Véronique la découvrit et lui massa avec douceur la cage thoracique qui avait des marques rouges.

— Vous pouvez parler, mais doucement pour ne pas la réveiller. Avec l'injection, elle dort forcément, mais il faut malgré tout veiller à la laisser se reposer. Elle souffrirait inutilement.

— Mais que s'est-il passé, c'est une nouvelle crise qui a provoqué l'arrêt cardiaque ?

— Nous ne savons pas encore, Paul. D'après les relevés, elle a eu une grosse chute de tension, ce qui aurait pu provoquer le décrochage du cœur. À priori, ce n'était pas lié à son cerveau. Paul, vous avez toute ma sympathie, car les semaines à venir seront difficiles, alors n'hésitez pas, je vous aiderai autant que je le pourrai.

— Merci, Véronique, pour elle et pour moi. Cela me touche profondément. Je peux rester avec elle ce soir ?

— Pas trop tard quand même, dans une heure je dois lui prodiguer les soins et la préparer pour la nuit. Il est préférable que vous ne soyez plus là. Croyez-en mon expérience, les patients ne veulent pas être vus aussi diminués, surtout d'un proche.

— Entendu, merci encore.

Les deux amoureux d'Anne demeurèrent seuls auprès d'elle. Le choc avait été rude et ils étaient encore sous le coup d'un mélange de grande émotion et de frayeur.

— Paul, je n'arrive pas à assimiler ! Anne est morte sous nos yeux dans le plus grand calme, comme si ce n'était rien, même pas grave ! Sa vie est partie, et nous étions là, normalement. C'est un cauchemar. Tu peux me prendre dans tes bras, s'il te plaît ? Je me sens vide et je suis perdue. Comme si le sens de la vie m'avait été retiré. J'ai perdu mes repères.

— Je suis moi aussi choqué et j'ai eu affreusement peur. J'ai bien cru que c'était fini lorsqu'ils nous ont mis dehors. Je le refusais, mais j'étais persuadé de ne la revoir que … morte. Anne, décédée ! Ça n'a aucun sens, tout cela relève de la pure démence !

Paul pleurait et prit Lise dans ses bras. Ils posèrent leur tête sur l'épaule de l'autre et restèrent ainsi quelques minutes.

— Lise, si cela finissait mal, je voudrais savoir que tu ne t'enfuirais pas je ne sais où pour ne pas affronter la réalité. J'aurais besoin de toi. Je ne peux pas concevoir ma vie sans elle et je ne veux pas me résigner à imaginer cette éventualité.

— Tu crois que nous pourrions nous y résoudre ? Pas moi, Paul.

— Sans doute que non, mais être moins pris au dépourvu, si. Là, c'était comme un accident de voiture. Nous étions au salon. Elle s'est laissée tomber avec un hurlement de démence. Elle a hoqueté, ses yeux se sont révulsés et depuis elle est sur ce lit. Ce film repasse en boucle devant mes yeux et j'entends son cri de douleur et d'effroi. Je sais qu'elle a eu le temps de paniquer. Elle s'est vue partir, Lise.

— Je n'y étais pas, mais je vois tout comme ! Vous étiez dans une dispute ? À présent, tu peux me le dire, cela ne changera plus rien.

— Non, pas du tout, même pas une tension particulière. Nous avions partagé le repas du soir en discutant et en plaisantant. Nous avons parlé des prochaines vacances, de toi, de bébé … Rien de nouveau ! Que du positif et du plein accord. Puis nous sommes passés au salon où nous regardions la télévision, des variétés avec des chansons rétro ! Elle s'est redressée d'un coup et a mis ses deux mains sur ses oreilles, comme pour serrer sa tête. Elle m'a regardé, j'ai vu sa peur et sa douleur. Puis elle a basculé en avant sur le sol en hurlant quelques secondes. Elle a été secouée par quelques spasmes, comme si elle recevait des coups, et puis plus rien, partie ! C'est une expérience étrange que nous vivons, Lise. Nous avons assisté à une sorte de matérialisation de la fragilité de la vie. En fait, cela ne tient à rien ! Tout est calme et paisible, nous sommes vivants, tout est calme et paisible, nous sommes morts !

— Oui, juste comme ça !

— Juste comme ça ! Nous étions là comme quelques minutes auparavant, sa vie s'éteint en toute simplicité et elle nous quitte pour toujours alors que pour nous, ça continue sans changement autre qu'affectif. Nous serions rentrés à la maison en voiture, tristes, nous aurions grignoté une cochonnerie, en pleurant, puis nous nous serions couchés. Et voilà ! Notre vie ne fait pas la moindre pause, à croire qu'il n'était pas prévu que cela doive nous toucher. Cette horreur devrait nous amener à considérer et apprécier la vie qui est en nous avec une approche plus respectueuse, plus tout … j'ignore de quelle manière, mais je ne pourrai plus faire comme s'il était normal que je vive, que je me lève tous les matins, que je puisse serrer Anne contre moi, te prendre dans mes bras, ressentir l'amour … C'est une certitude, ce n'est plus possible. Il faut prendre du recul, respirer, et décider de changer.

— Je n'ai pas ta faculté de récupération, Paul, mais tu exprimes avec justesse ce que j'éprouve. Si un jour tu me vois ne plus réaliser le cadeau qu'est la vie, gifle-moi.

— Tu as raison, nous devenons inconséquents au quotidien. Je te tapoterai et tu m'en feras autant.

— Promis. Pourrais-je, malgré les circonstances te poser une question sur notre avenir ?

— Oui, bien sûr ! Il ne faut plus jamais remettre à plus tard ce qui concerne notre vie, sinon nous devrons nous gifler tout de suite !

— Je sais être le cheveu sur la soupe de ton couple, mais tu m'acceptes, ce dont je ne te remercierai jamais assez. Mais j'aimerais pouvoir abuser encore. Je voudrais savoir si tu supporterais que je puisse aimer et prendre soin d'Anne encore plus !? J'ai une telle angoisse au fond de moi ! Si elle était partie, jamais je n'aurais pu me pardonner de ne pas l'avoir plus aimée, câlinée, protégée … Mais c'est ton épouse, elle t'a choisi, toi.

— Je suis d'accord. Je te demande juste de ne pas me tenir à l'écart. Puisque nous parlons librement de notre relation particulière, je voudrais que tu me laisses vous aimer. Platoniquement, Lise, je sais. Nous n'avons qu'une vie et elle est si fragile ! Je voudrais parvenir à donner ce que j'ai à offrir.

— Avec l'accord d'Anne, oui et c'est réciproque. Tu crois qu'elle a réalisé ?

— Certains parlent de cette expérience comme s'ils étaient conscients de la vie qui s'échappait ! Anne nous racontera, peut-être. Nous lui disons au revoir maintenant ? Il est l'heure de ses soins. Je voudrais lui expliquer à quel point je l'aime avant de partir. Tu crois que je pourrais l'embrasser sans prendre le risque de la réveiller ?

— À priori, oui. Tout à l'heure, j'ai déposé un baiser sur son front et un sur sa lèvre supérieure. Paul, pour le cas où elle entendrait, confie-lui que tu lui feras des enfants. Tu lui répèteras chaque jour pour être certain qu'elle l'entende au moins une fois. Elle a besoin de notre aide pour se battre. Anne n'a jamais été seule, et là, alors qu'elle a besoin de moi, pardon, de nous, elle est abandonnée ! Je sais qu'elle est perdue et doit être effrayée.

Lise s'approcha d'elle par la droite, Paul par la gauche, elle lui essuya de nouveau le menton et l'embrassa tendrement sur le front.

— Bonne nuit, Anne. Tu es au calme et en sécurité, sois tranquille. Je t'aime, repose-toi et à demain. Paul, je te laisse lui souhaiter bonne nuit. Je t'attends dans le couloir.

— Je … merci.

Lise sortie, Paul se pencha à son autour au-dessus de son épouse et l'embrassa sur le front avec tendresse. Des larmes à nouveau pleins les yeux, il murmura avec une certaine difficulté, car ses pleurs avaient surmonté sa retenue :

— Je t'aime depuis la première fois où je t'ai vue. Tu es la plus merveilleuse femme que je pouvais rencontrer et tu es si belle que je me demande chaque nuit, lorsque tu te blottis contre moi et que je peux t'admirer, comment tu as pu t'intéresser à moi. Je veux vieillir avec toi, alors bat-toi, pour toi, pour moi et pour Lise qui dépérit à vue d'œil. Je t'aime plus que tout au monde. Si je pouvais prendre ta place, je le ferais sans une hésitation, mais je ne peux pas. S'il te plaît, accroche-toi et reviens. Nous ferons nos enfants dès que tu te sentiras prête et tu resteras à la maison pour t'en occuper si tu le veux. Tu seras une maman magique. Bonne nuit, ma chérie.

Paul retrouva Lise dans le couloir. Ils se donnèrent la main pour partager leur peine, sans doute aussi pour se sentir moins seuls, et ils rentrèrent chacun avec sa voiture. Arrivés aux domiciles, il vint la voir avant qu'elle n'entre sa voiture dans le garage :

— Je n'ai pas le cœur à manger seul, Lise, accepterais-tu de partager, s'il te plaît ?

— Tu sais que je passe mon temps à pleurer ! Si tu peux supporter cela en plus du reste, c'est oui. Mais c'est toi qui viens. J'ai des restes, nous avons de quoi manger tout de suite.

Paul s'en retourna finir de stationner son véhicule puis traversa les jardins pour la rejoindre rapidement. Lise était en train de se changer lorsqu'elle fût prise d'une envie irrépressible de prendre une douche, comme si son corps lui demandait de se ressourcer au contact de l'eau. Elle s'y précipita avec l'espoir quasi inconscient et irraisonné d'y puiser la vitalité nécessaire à combler ce vide immense qui était en elle. Paul entra sans frapper, ainsi qu'il le faisait lorsqu'il se savait attendu, puis, entendant la douche, il préparera le repas et dressa la table. Il avait terminé, mais Lise n'était toujours pas descendue, ce qui l'intrigua. Il prêta attention aux bruits de l'étage et s'étonna d'entendre encore la douche, sans toutefois percevoir le moindre bruit qu'aurait dû faire Lise. Gagné par l'inquiétude, il monta dans sa chambre :

— Lise ? Lise, je suis là, pas de souci ?

N'obtenant pas de réponse, il entra dans la salle d'eau et passa la tête derrière le mur de la douche pour la voir :

— Lise, n'aie pas peur, je m'inquiète.

Il la vit assise en boule dans un coin de la large douche, prostrée, la tête tournée sur le côté et posée sur ses genoux. Elle semblait s'être endormie sous le jet d'eau chaude.

— Lise, s'il te plaît, ne me fais pas peur !

Il pénétra dans la douche qui le mouilla copieusement, coupa l'eau puis la secoua doucement en lui demandant de se lever.

— Laisse-moi. Je veux rester là, car je suis sale. Tout est notre faute. C'en est trop pour moi et je ne supporte plus ce cauchemar.

— Non. Tu enfiles un sourire et tu descends !

— Je m'épuise à faire semblant pour ne pas me l'avouer et devoir l'affronter, mais la réalité demeure : je suis sale.

— Ah non ! Hors de question, n'y pense même pas ! Tu te relèves et tous les deux nous soutiendrons Anne. Elle a besoin de notre aide et je sais qu'elle compte sur nous. Lise, je t'ordonne de te lever ! Tu n'as aucun droit d'abandonner Anne. Debout.

Décidé à ne pas la laisser s'enfoncer dans la déprime, il se baissa, passa un bras sous ses genoux pliés, l'autre dans son dos et la porta d'autorité jusqu'à son lit où il la posa avec précaution, puis il prit une serviette et l'enroula dedans avec tendresse. Il s'assit sur le bord du lit et, doucement, mais avec la fermeté qu'il était encore à même d'exprimer en cet instant, il ajouta :

— Je t'accorde deux minutes pour te sécher et enfiler quelque chose afin de descendre prendre ton repas. Sinon, je remonte et c'est moi qui le ferai. Mais de toute façon, entends-moi bien, tu passeras à table. Je suis suffisamment clair ?

— OK, je respire un bon coup ! Paul, tu as raison, mais tu me fais … tu vois l'idée ? Jusque sous ma douche … Mais alors, vraiment !

Lise arriva à la cuisine dans un peignoir blanc, le repas était servi sur le plan comptoir et il ne lui restait qu'à s'asseoir :

— Paul, excuse-moi. J'ai craqué. Ce n'est pas sympa, car tu ne dois pas être mieux que moi, alors je n'ai pas à t'infliger ça. C'était puéril, mais mes nerfs ont été mis à mal. J'ai eu une sorte d'implosion. En plus, je t'ai obligé à me porter, et pas trop vêtue ! Désolée.

— Écoute, pour la tenue, tu restes un spectacle agréable, mais tu as raison pour le reste. Que voulais-tu dire par « tout est notre faute » ?

— Rien, laisse tomber, je suis déprimée avec tout ça.

— Ah, mais non, tu ne t'en tireras pas comme ça ! Tu m'expliques.

— Je n'aurais jamais dû devenir ta maîtresse, je n'aurais jamais dû accepter de vivre en trio avec vous deux, je n'aurais jamais dû avoir la moindre scène avec elle. Tu te souviens lorsque j'ai pris ma cuite et la violente colère d'Anne qui s'en est suivie !

— Tu peux dire les choses. Elle t'a battue avec la pire violence.

— Tu n'aurais pas dû la tromper, tu n'aurais pas dû accepter notre trio. Ensuite, il y a eu notre rupture tous les deux, ma liaison avec Anne sans toi. Tout cela a forcément trop sollicité Anne. Elle a accumulé contrariété sur déception, et à force … ce qui n'aurait jamais dû arriver nous a explosé à la figure. Anne a besoin d'être dans un rang stable et ordonné … Tu peux donc concevoir sa perte d'équilibre et l'anarchie qui l'a débordée. Son cerveau a lâché prise sans doute pour la protéger, ce qui en dit long sur ce que nous lui avons infligé ! Et de tout cela nous sommes tous les deux responsables.

— Bon, je comprends ce que tu m'expliques, et aussi que tu puisses penser cela. Et c'était quoi ton « je suis sale » !

— Tu ne peux pas comprendre, laisses tomber.

— Même pas en rêve ! Et cesse de faire comme si j'étais le dernier des crétins. J'ai eu les nerfs éprouvés, moi aussi.

— Mon tout premier sentiment amoureux, c'est pour Anne que je l'ai ressenti. Ma vie passe par elle depuis l'enfance. Je veille sur Anne et me consacre à elle depuis toujours. Et puis, pour des raisons plus ou moins claires, j'ai eu des rapports avec d'autres femmes, même avec toi ! Et je me suis éloignée, je l'ai trahie et mon corps a été sali par mes pulsions.

— Bon ! Nous y voilà. Je ne prends pas cela au pied de la lettre, car tu exprimes ce que tu ressens. Mais c'est avec les mauvais mots. Je suis toutefois maintenant convaincu qu'une information me fait défaut, car ta manière d'évoquer que tu veilles sur elle depuis toujours le raconte. Que sais-tu que j'ignore ? L'heure n'est vraiment plus à la cachoterie, ne penses-tu pas ! ?

— Tu as probablement raison. Mais j'ai donné ma parole à Anne, comment puis-je gérer cela à présent ?

— Écoute, donner sa parole n'implique pas de nuire à la personne à qui tu l'as donnée ! Je suis son mari et elle est morte devant nous ! Lise, Anne est morte sous nos yeux ! Alors elle ne t'en voudra pas.

— Merci de me le répéter, je me porte nettement mieux ! Là, c'est certain ! Je peux pleurer en parlant, ça me changera. Voilà, c'est parti !!

— Lise, nous sommes fatigués.

— Tu sais qu'elle et moi avons grandi ensemble, depuis l'âge de trois ans. Je connais ses petites histoires et elle les miennes. J'étais avec sa famille comme avec la mienne, et elle à l'identique. Ses parents m'aimaient beaucoup. Toutes les réciproques étaient vraies. Paul, je m'apprête à trahir la personne qui compte le plus au monde pour moi. J'ai prouvé que je pouvais donner ma vie pour elle. Alors, s'il te plaît, reçois ce secret avec le recul nécessaire.

— Tu n'as encore rien lâché, mais je suis déjà mort de trouille ! Lise, tu as ma parole que je respecterai ton sens de la parole donnée.

— Paul, avec ses parents et leur médecin de famille, je suis la seule à savoir qu'Anne souffre d'une grave fragilité congénitale. Irréversible.

— Comment ? Je … de quoi parles-tu ?

Il se figea. Déjà éprouvé, il reçut l'information comme un choc au cerveau. Il la fixa, la gorge serrée. Lise baissa les yeux, inspira puis le fixa :

— Elle est émotionnellement toujours sur le fil. Elle a enduré une sévère dépression à la fin de l'adolescence et je me souviens excessivement bien de ce qui avait été expliqué à l'époque. Elle aurait comme une sorte de mauvaise circulation électrique ou chimique, un truc du genre, dans une partie du cerveau, et sous le coup d'émotions fortes, de fatigues, de contrariétés répétées, cela provoque une espèce de rupture ou d'affaiblissement de cette circulation, ce qui la plonge à nouveau dans la dépression. Ou plus grave. Voilà ce que je sais, je ne suis pas médecin, je n'ai pas les bons mots, mais à présent, tu sais.

Paul la dévisageait en restant silencieux, la bouche entrouverte, cherchant à comprendre et même quoi répondre. Il aurait souhaité être incrédule, douter, mais il avait parfaitement compris ce que Lise lui révélait. Après le terrible évènement dans la chambre d'hôpital, voilà qu'il recevait un autre coup. Lise respecta son besoin de silence et attendit qu'il réagisse.

— Anne, ma femme, a un problème au cerveau ! Comment a-t-elle pu me cacher une chose pareille ? C'est insensé. Je suis son mari et elle a gardé ce secret ! J'assimilerai, mais c'est raide !

— Essaie de la comprendre, car elle le mérite. Jamais elle n'a voulu t'induire en erreur.

Au fil des minutes, Paul s'emplissait d'un mélange de chagrin, de frustration et de colère. Il se leva et fit quelques pas dans le salon, regarda par la fenêtre le jardin à peine éclairé par les candélabres de la rue et s'immobilisa. Pendant plus de dix ans, il avait cru en la possibilité d'une vie idyllique tout du long de sa vie de couple. Mais depuis presque deux ans, les épreuves s'accumulaient, comme s'il fallait payer le prix de cette décennie d'insouciance heureuse.

— Tu peux imaginer ce que je ressens, Lise ? Je suis qui pour elle ? C'est insensé. Et toi ! Tu aurais pu m'en parler en sachant qu'elle n'y parvenait pas, mince alors ! Je n'ai pas envie d'être grossier, mais merde ! Merde et remerde ! Lise, je ne peux pas en vouloir à Anne dans son état, alors c'est toi qui prendras pour elle.

— Tu peux te défouler ! Je ne vois pas comment tu pourrais ne pas être en colère. Même si j'avais ta parole ! Tu t'en souviens ?

— Oui, mais enfin ! Lise, tu es proche de moi au point que nous partagions la même femme, car nous l'aimons, tu as été intime avec moi au point de faire l'amour avec moi ! Mais me dire qu'Anne est malade … Non ! Ah non, pas ça ! Tu me fais chier au point que j'en perds mon contrôle. Tu peux le réaliser, Lise ?

— Trop bien, Paul ! Si toutefois tu pouvais ne pas me frapper et utiliser des mots en rapport sans m'écraser, je suis épuisée.

— C'est du délire et ça continue ! À présent, voilà que tu me demandes de ne pas te battre ! Je dois faire un cauchemar ! Long, vraiment ! Lise, je n'ai jamais eu un geste que puisse te donner le droit d'imaginer que je puisse commettre une chose pareille ! Vous êtes ravagées, autant l'une que l'autre ! Sincèrement, vous avez prévu de me rendre fou pour m'évacuer ? C'est ça, le plan ?

Lise l'écoutait, partageait et observait sa colère lui échapper, certainement, car n'ayant plus de place après le chagrin de l'après-midi. Il n'avait plus la force de l'exprimer et il s'effondrait. Elle pinçait ses lèvres, sans peur, mais s'apprêtait à nouveau à pleurer :

— Paul ! Je ne peux rien ajouter. C'était un secret, celui d'Anne, et je l'ai trahie. C'est épouvantable, je le regrette déjà.

— Tu l'as trahie ! Certes, je te comprends. Je me calme, car je conçois. Mais merde quand même, Lise, vous me faites chier ! En plus, à cause de vous, je deviens grossier ! Merde !

— Pardon, Paul, tu as raison d'être vexé.

— Mais oui, je suis choqué, blessé, contrarié, révolté … Mon exaspération n'est pas de la colère, mais il faut que ça sorte ! Elle a pourtant l'air si calme et sereine en permanence ! Jamais je ne me suis douté de quoi que ce soit. Anne est juste la perfection faite femme, toujours !

— Mais c'est justement parce qu'elle sait ce qu'elle risque qu'elle est en maîtrise continue d'elle-même. Elle se protège en permanence, j'y veille aussi, et nous y réussissons. Elle vit comme tout le monde, ou presque. C'est devenu sa façon d'être, et en plus, cela lui donne une classe incroyable, non ?

— Elle est celle que je connais, mais il existe une Anne dont j'ignore tout !

— Anne s'offre à toi, Paul, totalement. C'est tout ce qui importe. Lorsqu'elle a un souci de santé, amoureux, d'argent, professionnel, de couple, peu importe la nature, elle ne le garde pas pour elle, jamais, elle connaît le risque et tient à rester celle qu'elle est devenue. Sa Lise est là, toujours, elle le sait et me fait confiance. Elle vient à moi et elle me raconte. Elle se confie, elle rit, elle pleure, elle a peur, elle me demande conseil, elle se réconforte … et elle m'aime ! Oui, elle me parle de toi, et oui, je sais tout. Paul, cela fonctionne parfaitement depuis toujours, elle est heureuse et toi aussi. N'oublie jamais ce qu'elle t'offre.

— OK, je dois assimiler que ma femme me cache un souci de santé, que tu en saches plus sur elle que moi, qu'elle te raconte tous ses soucis, ceux de notre couple, et sans doute les miens ! Le monde tourne malgré tout, c'est exact, mais quand même !

— Énoncé ainsi, c'est moyen, je suis d'accord. Mais elle est comme moi. Nous ne pensions plus depuis longtemps à cette histoire, c'était devenu simplement notre mode de vie. Jusqu'au le lendemain de ma stupide cuite, une de mes rares erreurs. Peut-être la seule avec le fait d'avoir été ta maîtresse. Elle a craqué et m'a frappée violemment, car avec Anne, je n'avais pas ce droit, alors la faute n'est pas passée !

— C'est … terrible ce que tu me racontes ! Je me suis trompé un paquet de fois, ça, à présent, je le sais.

— Tu réalises la cruauté de la vie, Paul ? Dans ma vie consacrée à Anne, plus de trente ans, j'ai commis une seule erreur et elle ne l'a pas supportée ! Tu te souviens qu'elle a expliqué avoir eu des décharges dans la tête et qu'elle avait perdu le contrôle ?!

— Oui, je me rappelle. Elle a effectivement parlé de flashs blancs, de perte de contrôle et de trous de mémoire temporaire.

— C'est ce que tu as vu dans votre salon, Paul. Lorsqu'elle a serré sa tête à deux mains avant de tomber devant toi, elle se déchirait. Elle a dû avoir encore plus peur, car elle a eu le temps de réaliser que je n'étais pas là !

— Je comprends mieux. Et c'est terrible. Donc, elle t'a battue avec une violence extrême à cause de cette maladie ! Tu le savais, c'est pour ça que tu n'as rien dit et que tu l'as laissée te frapper sans te défendre !

— Oui. C'est mon erreur qui a tenté de me tuer. Pas Anne.

— Une enquête ou des examens poussés auraient révélé sa maladie.

— Paul, je me sens vide ! Parler est épuisant.

— Je réalise aussi que toi, tu as effectivement donné ta vie pour elle. Tu es encore vivante, mais tu avais fait ton choix. Je mets les pièces du puzzle en place. La sensation est étrange. J'en ai pour des semaines, ou des années, à assimiler. Tu arrives à vivre, Lise ?

— Nous fonctionnons ainsi. Anne sera toujours là pour moi, et moi pour elle.

— Je devrais être jaloux. Mais je trouve que votre relation est belle, pure et d'une puissance dépassant ma compréhension. Alors je vous envie. Tu connais l'issue de tout ça ? Je veux dire une autre que celle dont parlent les médecins aujourd'hui ?

— Malheureusement non. Pas la moindre idée. J'angoisse juste de notre avenir, mais quoiqu'il arrive, je serai là pour l'aider, comme je l'ai toujours été. Et si elle restait dans cet état, tu devras reprendre ta vie, Paul. Je resterai pour elle. Même dans le coma, elle vit avec moi.

— Voilà, c'est de cette Lise dont Anne et moi avons besoin, pas de celle qui reste prostrée sous la douche comme une … Mes nerfs sont trop sollicités, excuse-moi.

— Non, c'est moi, tu as raison.

— En plus, j'ai envie de pleurer, mais alors … une grosse !

— Demain, je peux être près d'elle à partir de quinze heures.

— Je serai de retour vers midi, mais je dois repartir pour quatorze heures. Donc à nous deux, nous pourrons être auprès d'elle de midi à vingt heures. Tu sais, je crois qu'elle serait contente de nous voir ensemble et nous organiser pour elle.

— Paul, je ne veux pas faire l'amour. Tu m'en veux beaucoup ?

— Aie … Là, c'est du direct. Tu es surprenante de sensibilité, Lise. Aucun souci, je ne t'en veux pas. Mais j'avoue que j'y ai pensé, la nuit arrive, tu es là, toujours aussi belle, je suis seul, j'ai subi un choc terrible et j'ai peur de demain. Alors oui, je te le confesse et le confirme, puisque tu l'as ressenti : j'y ai songé. Mais avec beaucoup de tendresse.

— Je le savais, j'ai vu ton regard et je sais que tu as envie de câlins. Autre chose Paul, si je te demandais de rester près moi cette nuit, tu crois que tu le pourrais, sans … tu vois … Il faudrait te retenir pour ne pas m'obliger à te repousser et ne pas me prendre de force !

— Lise, j'ai pour toi un respect dont tu ne mesures pas l'ampleur, encore plus à présent. Alors tu me ferais plaisir en oubliant tes idées bizarres. Jamais je ne te frapperai ni ne t'abuserai, même ivre, crois-moi. Je serais désireux de pouvoir rester près de toi. Mes nuits sont devenues les ténèbres. C'est horrible, je n'en peux plus.

— Si je n'étais pas vide d'énergie, tu me verrais sourire, Paul !

— Avec l'image d'Anne qui meurt devant nous, je redoute d'affronter la solitude de cette nuit !

— Tu es d'accord ? Nous dormons dans mon lit et je me blottirai contre toi sans que tu cherches à me caresser en pensant qu'une fois démarrée, je céderai ! Et sans me faire de reproches en arguant que ça ne me coûterait rien, même pas une douleur, et tout ça !

— Parole de Paul. Merci, Lise, de me faire ce cadeau et pour ta confiance. Sans Anne, je suis totalement perdu, c'est fou ! Et avec ce qui lui est arrivé … Alors lorsqu'en plus tu n'es pas avec moi, je n'arrive plus vraiment à m'intéresser à la vie, c'est simplement du temps qui passe ! Mais je suis parfaitement conscient que t'avoir près de moi est une chance inouïe, que je dois à Anne ! Alors, ne sois pas inquiète, je ne la gâcherai pas. Ton idée de sourire, tu m'expliques ?

— Anne aurait compris. Mais ce n'est pas ta faute, tu es un homme ! Tu es seul depuis quelques nuits et tu me racontes vivre l'enfer. Paul, voilà plus de dix ans que tu m'as volé les miennes, en me prenant Anne. Et tu m'expliques … je suis tellement lasse ! Je suis vieille !

— Mince ! Anne dirait que j'ai encore fait mon balourd ! Et elle aurait raison. Encore ! Je suis navré. Je ne comprends pas comment tu résistes.

— Avec des larmes. Et quand tu n'en as plus, tu prends du vingt ans d'âge, vieilli en fût de chêne.

— Ah ! Je reviens. Un petit pipi. Lise, ce n'est pas vrai, mais je ne veux pas que tu me voies pleurer.

Après une dizaine de minutes, ils étaient à nouveau réunis dans le salon. Lise avait préparé deux verres, encore vides. Elle lui tendit le flacon d'alcool en lui demandant de faire le service et de le placer avec soin. Ils trinquèrent, sans un mot, avalèrent la première gorgée en se fixant et fermèrent les yeux au même instant. Puis ils soupirèrent.

— Tu sais en choisir de l'excellent ! Je m'en achèterai, il est divin.

— Alors tu sauras ! Il coûte une fortune, tu me dispenseras des commentaires. Tu as une dose à deux zéros dans ton verre !

— Ah d'accord ! Alors merci. Lise, je veux te faire une confidence. C'est même un secret que je souhaite te confier, et qui me coûte.

— Je t'écoute, Paul. Nous avons fait le plein de contrariétés et nous devons évacuer pour rester debout. Sinon, c'est Anne qui en souffrira. Nous avons besoin de nous confier.

— Cette nuit, tu peux te serrer fort contre moi, de face ou de dos, en toute sérénité. Tu ne risqueras rien. Donc tu pourras te reposer. Je te raconte ça, parce que … Lise, même si je voulais manquer à ma parole … Ne te moque pas. Mon outil est cassé ou en grosse panne. Comme le reste de ma vie. Tout est détruit, anéanti !

Paul se mit à pleurer en s'excusant. Il se leva pour cacher son chagrin dans la pièce voisine, mais Lise, devenue maternelle, l'intercepta et le prit dans ses bras.

La nuit fut calme, Paul dormait en paix pour la première fois depuis l'accident, allongé sur le dos et vêtu seulement d'un caleçon large. Lise était blottie comme elle le souhaitait, calée sur le côté contre lui, un bras et une jambe posés sur son corps et elle dormait avec sérénité dans un grand tee-shirt qu'elle avait emprunté à la garde-robe d'Anne.

CHAPITRE 3

— Bonjour, Anne, c'est Paul, j'espère que tu as bien dormi !

Sur son lit légèrement relevé, vêtue d'une chemise blanche d'hôpital et les cheveux posés sur les épaules, la jeune femme semblait profondément endormie, mais le drap tendu sur son corps et ses bras laissait deviner son trop parfait alignement pour être naturel, trahissant le drame dans lequel elle était plongée :

« Paul … Paul … Il me tutoie, je me souviens, il y a quelques … temps, un Paul m'a rendu visite. Oui, je crois qu'il est déjà venu. Bonjour, Paul, désolée, j'ai des difficultés à me souvenir, je suis assez fatiguée. »

Dans un costume gris clair, toujours en chemise blanche, Paul s'assit près d'elle, lui déposa un baiser sur le front et lui caressa doucement les cheveux en la regardant avec des larmes dans les yeux :

— C'est dur de te voir ainsi et de ne rien pouvoir faire pour t'aider. Hier soir, j'ai pris mon repas avec Lise, nous nous serrons les coudes pour tenir le coup.

« Ah oui ! Lise, Lise et Paul, je me souviens, ils sont venus ensemble, ils sont mari et femme. Je crois. De ma famille, ou pas, j'ai oublié. »

Paul lui raconta ce qu'ils avaient mangé, lui expliqua confus qu'il était resté dormir chez Lise, car l'un et l'autre avait peur d'affronter la nuit seuls. Ensuite, il lui parla de sa vie professionnelle devenue pénible, car elle l'éloignait, puis lui raconta que Lise était interrogée tous les jours par sa supérieure qui s'enquérait de son état de santé. Elle l'avait également appelé directement à plusieurs reprises pour lui apporter son soutien, en demandant qu'il lui fasse part de sa sympathie. Tout en continuant de lui parler, Paul passa une main sous le drap pour chercher la sienne, car il désirait établir un contact physique avec elle. C'est ainsi qu'il découvrit que son épouse était attachée dans le lit.

Le choc fut sévère et une bouffée de colère lui monta au visage. Paul pâlit, chercha quelque chose à dire ou à faire, mais, impuissant face à ce qui ressemblait à une obstination de la fatalité, il se remit à pleurer en sentant sa vie s'enfoncer inéluctablement, et en réalisant que la gravité de la situation dans laquelle se trouvait celle qu'il aimait depuis dix années ne cessait d'empirer.

« Vous ne parlez plus ? Vous êtes toujours là ? J'ignore la raison de ma présence ici, alors si vous pouviez m'aider … Quoi que … vous me raconterez plus tard, je suis fatiguée. J'ai dû trop respirer et je suis épuisée. Je dois dormir. »

Le reste du temps de présence de Paul fut consacré à l'observation contemplative du visage de son épouse. Le silence aidant, ses émotions le transportèrent dans ses souvenirs, peuplés d'heures et de jours jusque-là habituels, mais devenus des extraits de bonheurs intenses et magiques. Ils se mêlaient aux plaisirs de la mémoire les regrets d'avoir laissé échapper tant d'instants, sous prétexte d'ordinaire, alors qu'il aurait pu, parfois d'un sourire ou d'un geste tendre, en faire apparaître la magie ou en prendre conscience. Il était perplexe sur la motivation ou la cause à l'origine de cette fuite du bonheur pourtant si accessible avec Anne. Paresse, inconscience, suffisance, bêtise, méchanceté, fatigue … ! Quelles que soient les excuses, il en éprouvait un vif regret qui le conduit à se jurer de ne plus jamais accepter de s'abaisser à cela.

L'heure de partir étant venue, il lui fit un tendre bisou sur le front et se retira en silence, sans trop savoir pourquoi. Il se tourna avant de sortir afin de contempler une dernière fois l'image de cette grande et belle femme allongée si sereinement, l'amour de sa vie.

Lise arriva à son tour, prit place, mais garda le silence. Elle lui caressa le haut du visage avec une infinie douceur, puis lui murmura leur rengaine enfantine préférée, pour faire la ronde ou s'endormir, ou encore lorsque l'une des deux était consolée par l'autre d'un gros chagrin, blottie dans les bras rassurants. Toujours immobile, Anne finit par percevoir l'apaisante et douce mélodie. Lise lui essuya la bouche et posa sa main sur sa figure comme l'eut fait une aveugle pour lire ses traits.

« C'est curieux cette façon de toucher mon visage, ça me donne envie de pleurer ! En plus, quelqu'un chantonne un air que j'adore et qui m'apporte un bien-être extraordinaire. J'aimerais l'entendre en boucle. C'est étrange, cela fait bouger mon cerveau, c'est assez effrayant, mais … je n'ai pas vraiment peur. »

Lise fredonnait sans marquer de pause, ainsi qu'elle s'y était employée lors du dernier décrochage d'avec la réalité d'Anne, après sa crise de violence. Elle sourit, car cet air était à ce point magique entre elles qu'elle aurait pu s'endormir si elle s'était allongée, comme si elle se berçait.

En cet instant, elles avaient onze ans. Lise jouait dans le jardin, alternant consommation de framboises et balançoire. L'endroit formait une sorte d'espace intime chaleureux, car enceint de haies fleuries ou porteuses de fruits. Un puit tenait la place centrale. Elles aimaient y passer des heures à jouer, parler, et parfois à ne rien faire d'autre que d'être ensemble. C'est depuis cet endroit qu'elles s'évadaient le mieux dans des mondes imaginaires. Anne était arrivée en courant, boudeuse avec des larmes sur les joues. Son papa l'avait grondée, car elle était accusée de ne pas avoir fait ses devoirs, pour lesquels il devait signer le mot accompagnant la mauvaise note. Le drame, c'est que la menace en cas de renouvellement de l'incident était de ne plus voir Lise pendant une semaine. Sans un mot, elle avait serré Lise dans ses bras pour s'y bercer en lui confiant qu'elle ne voulait pas avouer qu'elle ne savait pas faire ce travail. Lise lui avait murmuré leur chansonnette en lui promettant de l'aider.

Lise était dans le jardin, avec le goût des framboises dans la bouche, les odeurs chaudes de l'endroit, le câlin d'Anne… Elle essuya une larme et inspira pour dénouer sa gorge. Presque vingt-cinq ans plus tard, Anne était allongée près d'elle, très femme, mais absente et dans le besoin de son aide. Et elle, Lise, lui chantait cette même comptine.

« Zut, je risque de pleurer, ça monte, ma gorge se serre et les larmes arrivent avec l'envie de grimacer. Et voilà ! Je me sens bien et je chiale, c'est nul. »

En voyant des gouttelettes poindre dans les yeux d'Anne, Lise eu un fort serrement dans la poitrine et le cou, générant une réelle difficulté à poursuivre, mais elle savait devoir continuer, car consciente que la réaction d'émotion d'Anne était appropriée. Elle pleurait, chantait et appuya rapidement sur le bouton rouge de sa main libre, sans cesser de caresser le visage de son amie.

— Que se passe-t-il ? Ah, c'est toi, Lise, pourquoi m'as-tu sonnée ?

Lise ne répondit pas pour ne pas interrompre sa chansonnette, mais elle lui fit signe des yeux pour qu'elle observe Anne. Elle voulait qu'elle comprenne et atteste de sa réaction.

— C'est magnifique, Lise, bravo ! Continue, elle est avec nous, tu es en train de la faire revivre, c'est beau ce que tu as réussi.

En disant cela, Véronique s'approcha de Lise pour essuyer les larmes qui coulaient sur ses joues avec régularité et lui murmura :

— Je suis fier de toi et touchée que tu m'aies appelée pour partager ce moment. Fait des pauses pour ne pas la fatiguer, je pense qu'il vaut mieux que tu lui offres plusieurs séances quotidiennes qu'une seule trop longue. Il faut lui laisser le temps. Tu sollicites son cerveau, c'est parfait, mais pas trop, il est fragile.

Lise hocha la tête et poursuivit tendrement alors que Véronique se retirait. Elle revint quelques minutes plus tard, accompagnée de ses collègues en faisant signe à Lise de ne pas s'interrompre et ils observèrent leur patiente, puis sourirent à Lise et mimèrent un applaudissement.

Le soir venu, elle raconta à Paul ce qui était arrivé en début d'après-midi avec une certaine félicité. Dès le lendemain, elle renouvela la séance et les jours et les semaines passèrent ainsi. Elle s'installait, caressait le visage et les cheveux d'Anne en fredonnant inlassablement leur comptine. À chaque fois qu'Anne l'entendait, elle se demandait qui était là, quel était cet air qui l'apaisait, puis pleurait, imitée par Lise. Jusqu'à cet après-midi où :

« C'est étonnant, je connais cet air-là. Il me ramène des années en arrière. Mais qui pourrait connaître ma chansonnette ? C'est étonnant cette coïncidence. »

Le monitoring afficha l'accélération du rythme cardiaque d'Anne et les larmes arrivèrent plus rapidement.

« Oh mon Dieu ! Je sais. C'est toi, Lise ? Tu es là ? Dis-moi que tu es là et que c'est toi qui chantes pour moi. J'ai tellement besoin de ton aide. Je suis perdue. J'ignore ce qui m'arrive, où je suis et depuis quand, mais toi, tu sauras décider et agir. Si tu es là, je suis sauvée. Lise ? »

Lise poursuivit sa chansonnette comme les autres jours, essuya les larmes de son amie, puis les siennes et fit une pause :

— Anne, sais-tu que des tonnes de merveilleux souvenirs remontent à chaque fois ? Nous avons tant en commun, nous seules … c'est fou quand j'y songe. Nous sommes encore jeunes, mais trente années de partage nous unissent, c'est notre vie.

« Alors tu es là ! Merci, Lise. Je savais que tu ne m'abonnerais pas, je n'en doutais pas. Rien ne peut nous séparer. Tu es venue pour me sortir de … d'ici ? Je suis tellement contente, j'attendais que tu viennes me chercher. »

— Aujourd'hui, je dois partir plus tôt, Anne. J'ai un rendez-vous chez le médecin. Rien de grave comparé à toi, mais c'est important malgré tout.

« Non ! Ne pars pas, tu ne peux pas me laisser, Lise ne fait pas cela. Reste avec moi ! J'ai si peur et tant besoin de toi, Lise ! Tu m'entends ? Lise ? S'il te plaît, j'ai tellement peur, si tu savais. »

— Hummhummhummhumm ! Hummhummhumm !

Lise sursauta tellement qu'elle manqua de tomber de sa chaise et porta ses mains à sa bouche pour ne pas crier, puis elle chercha au plus vite la réaction appropriée afin d'encourager ses efforts. Faute d'une idée censée, elle tapa avec force sur le bouton rouge.

— Je suis là, Anne. C'est Lise. Ne t'inquiète pas, je veille sur toi. Il ne peut rien t'arriver. Je m'occupe de tout.

Véronique arriva rapidement et Lise lui fit signe d'un doigt sur la bouche de garder le silence et d'approcher.

— Anne, j'ai compris ton appel et je sais que tu m'écoutes. Fais encore un effort, s'il te plaît. C'est très important. Je voudrais être certaine de t'avoir entendue. Tu as essayé de me dire quelque chose, n'est-ce pas ? Tu ne veux pas que je parte, c'est ça ?

Puis, courbée au-dessus de son amie, elle attendit en se mordant les lèvres, reprenant la caresse des cheveux.

— Humhem hummhamm !

— Je ne saisis pas encore tes mots, Anne, mais tu as réussi à parler et tu es avec moi, c'est l'essentiel. Je t'aime, ma puce. Je suis là, tu peux être apaisée. Je sais que tu m'entends, alors ne te fatigue pas. Nous devons être patientes. Tu y parviendras plus facilement dans peu de temps. J'annule mon rendez-vous pour rester avec toi.

Les larmes coulaient plus abondamment des yeux d'Anne et elle saliva beaucoup.

— C'est merveilleux, Lise ! Anne, vous êtes courageuse et forte, je tiens à vous dire que je vous admire. Je suis votre infirmière, Véronique. Je vous ai entendue aussi. Et je vois que vous comprenez ce que vous dit Lise. Bravo.

Véronique s'empressa de la redresser afin qu'elle ne s'étrangle pas et, en se tournant vers Lise, eut ce geste inattendu de lever subitement un poing rageur en signe de victoire et en mimant le cri « yeah ! » Elle essuya à son tour une larme d'émotion et se retira.

À son arrivée dans la chambre, Paul était accompagné par Véronique et trois membres de l'équipe. Il reçut la bonne nouvelle directement de Lise qui ne voulait plus quitter Anne. Elle leur fit signe de rester silencieux et de tendre l'oreille, puis caressa les cheveux d'Anne tout en parlant avec douceur :

— Anne, Paul est arrivé. Je lui ai raconté que tu m'avais demandé de rester et il est fou de joie, comme moi. Si tu n'es pas trop épuisée, tu pourrais essayer à nouveau pour lui montrer que tu m'entends et que tu peux parler ?

« Je suis fatiguée, Lise, mais tu es restée pour moi, alors je tente ce nouvel effort. Paul ! Le pauvre, j'ai dû le rendre dingue. J'essaie, Paul, mais si je n'y arrive pas, il ne faudra pas m'en vouloir. »

— Hummhummhumm ooooool ! Oool !

Ému, Paul serra le poing droit qu'il lança devant lui, autant pour évacuer en silence son émotion que pour signifier sa rage de voir la maladie en passe d'être vaincue. Il se tourna vers Véronique qu'il serra dans ses bras en la soulevant et lui appliqua deux bises sur les joues, puis il serra la main des trois internes. Il s'approcha prudemment d'Anne, par réflexe, puis s'exprima avec douceur et lenteur :

— Ma chérie, tu as réussi, tu as dit Paul, tu sais que je suis là et tu m'as appelé. Merci. Anne, je t'aime. Je suis si heureux que je ne parviens plus à l'exprimer.

Anne pleurait abondamment, autant que Lise et Paul. Cependant, épuisée par les efforts répétés, elle s'endormit rapidement avec des larmes plein les yeux. Les internes, jusqu'alors silencieux et discrets, s'approchèrent de Lise et la félicitèrent chaleureusement, mais à voix basse malgré leur enthousiasme sincère. Malheureusement, cela la fit pleurer davantage tant cette reconnaissance de son action pour la guérison de son amie la touchait. Après qu'ils soient sortis, Lise s'adressa à Paul :

— Paul, c'est merveilleux, elle peut guérir, je le sais, toi aussi, n'est-ce pas ?

— Je crois qu'elle veut revenir et elle en aura la force. Tu as entendu, elle m'a appelé ! Comment est-ce possible ? Est-ce le début de sa reconstruction ou peut-elle repartir dans l'autre monde dès demain ? J'ai oublié de demander. Je m'en occupe, reste là.

Paul sortit précipitamment. Lise observa Anne avec tendresse :

— Tu as presque prononcé Paul ! Tu as donc entendu et compris que je t'annonçais sa présence, puis ce que je te demandais. Je suis heureuse, Anne. Mais surtout, ne te sens pas stressée, prends les heures, les jours ou les semaines dont tu as besoin. Je suis là et le serais encore demain, comme avant, ainsi que nous l'avons toujours été l'une pour l'autre.

Pendant ce temps, Paul, en proie à une profonde excitation, avait retrouvé Véronique et lui fit à nouveau deux grosses bises. Celle-ci lui raconta ce que Lise avait accompli au fil des jours et des semaines pour son épouse, chantant pendant des heures cette même chanson en lui caressant le visage, jusqu'au résultat déjà obtenu en début d'après-midi. Il ne put avoir de certitude quant à une éventuelle guérison, mais elle lui dit être confiante. C'est sur cet évènement porteur d'espoir et de soulagement qu'ils rentrèrent et se trouvèrent comme à l'accoutumée chez Lise pour partager le repas.

— Lise, je te propose de venir à la maison. C'est toujours moi qui m'incruste. Je finis par avoir l'impression de t'imposer ma présence.

— Ne dis pas de bêtise, tu ne m'obliges en rien et je suis contente que tu sois là. La vérité est plus simple, même si tu en déduiras que je suis compliquée ou autre chose du genre. Mais c'est ainsi. Si c'est moi qui traversais le jardin, j'aurais l'impression de voler sa place à Anne, car pour moi, s'il y a une seule femme présente dans votre maison, avec toi, cela ne peut être qu'Anne. Pas moi, Paul. Elle ne m'en tiendrait pas rigueur si je m'y installais, je le sais, mais moi je m'en voudrais et craindrais de lui porter mal chance. Sa place est inoccupée et le restera jusqu'à ce qu'elle la reprenne.

— Ah ! J'aurais apprécié un peu de vie entre ces murs !

— Paul, si tu comblais l'absence d'Anne avec une autre, je le verrais même si tu te cachais, et je n'hésiterais pas, je te mutilerais !

— Tu voudrais me coudre la bouche ou me coller les yeux ?

— Le chat de Jean est adorable. Un chartreux câlin qui me rend visite. Il a ses heures comme un humain pour manger.

— Lise, il y a quelqu'un là-dedans ? Tu manques de sommeil ?

— Je lui préparerais des abats, il en raffole. Concocté par moi et de la part d'Anne et moi. Des rognons glacés à la crème fraîche.

Paul l'observa avec un début de sourire, attendant l'éventuelle chute à l'histoire. Constatant son regard ironique, frisant la condescendance, Lise manifesta un soupçon d'agressivité :

— Si je découvre une femme dans la maison d'Anne, ou que je te vois papillonner autour d'une chasseresse … je te coupe tes affreux pendentifs ! Toi comprendre ?

— Je ne crois pas que tu fumes des pétards, donc … tu as bu !

— Ne t'y risque pas, Paul ! Pour Anne, je te castre sans hésitation. Je suis probablement tarée, mais … Anne absente, je veille pour elle. C'est toi qui continueras à me rendre visite. Je suis sans doute un soupçon vieux jeu, mais j'apprécie les convenances.

— Tu n'es pas compliquée, tu es parfaite ! Tu es dans toutes les situations et dans ton mode de pensée quelqu'un de bien, Lise, saine, droite et généreuse. Vraiment. Mais … mon côté balourd persiste et veille à ne pas être victime d'un oubli ! J'aurais dû avoir cette intelligence seul. Je suis consterné et j'ai honte vis-à-vis d'Anne de ne pas avoir eu ta sensibilité. Je te le dis ouvertement et sans pudeur : je me suis déçu. À ma décharge, j'étais euphorique lorsqu'elle a pu marmonner mon prénom. J'ai l'impression de voir le bout du tunnel.

— Ne sois pas si dur. C'est logique que tu t'en réjouisses au point de t'en trouver libéré. Il faut toutefois te rendre à l'évidence, même en faisant encore et toujours des efforts, tu ne seras jamais une femme, Paul. La perfection est inaccessible, c'est normal. Mais je peux t'aider en me confessant, car sais-tu que moi aussi j'ai honte ?

— L'être inférieur ne comprend pas ! Mais continuons à faire porte ouverte de nos sentiments, nos réservoirs étant pleins, c'est une bonne thérapie.

— Cet après-midi, lorsqu'elle a presque parlé, j'ai été heureuse comme je ne l'avais pas été depuis trop longtemps, et pourtant, j'ai été jalouse ! J'en suis embarrassée, pardonne-moi, mais c'est la vérité même si elle est déplaisante.

— Jalouse ? De quoi ? De qui ? Véronique ?

— Mais non ! Si Anne était là, elle commenterait d'un « tiens, mon balourd a encore frappé ! » Il faut tout t'expliquer. Elle a marmonné Paul, où presque.

— Oui, je le sais, j'y étais ! Et … Car il y a une suite, non ?

— Si tu en as besoin, c'est : mais pas Lise …

Elle ne put finir, car les larmes et les spasmes l'en empêchèrent.

— Mince ! Désolé, je n'y avais pas pensé. Lise, l'hypocrisie serait déplacée, car je suis heureux qu'elle ait dit Paul, tu t'en doutes. Mais je dois te rapporter ce que m'a expliqué Véronique. Pour elle, Anne te doit plus des trois quarts de son début de retour. Elle m'a raconté ces heures passées à lui parler, à chanter et à la caresser, sans faiblir. Elle n'a que rarement vu une telle dévotion. Je n'en ai pas assumé le vingtième, Lise ! Ni le quart et je le reconnais.

— Mais justement, pourquoi n'a-t-elle pas dit Lise ! Elle m'a peut-être oubliée !

— Je ne le pense pas. Si je devais donner un avis sur cette question, avec la réserve due à mon statut de balourd notoire, je dirais que c'est le contraire ! Tu as été tellement présente durant ces heures difficiles, et tu fais à ce point partie de sa vie depuis petite qu'il lui a semblé naturel que tu sois là. C'est évident. Anne n'avait donc pas de raison de t'appeler, car c'était une certitude pour elle, tu es toujours près d'elle ! Dès lors, pourquoi s'inquiéter de savoir si tu es là ! Ne cherche pas plus compliqué, les choses sont souvent simples.

— Oui, tu as raison, c'est possible, je crois que j'aurais pensé comme elle. Alors elle savait que j'étais là ? Tu es sûr ?

— Qui d'autre connaissait ce que représente pour vous deux cette chanson !

— Personne. J'imagine que ce n'est pas évident de dire cela de sa femme. Mais … et voilà !

Lise pleurait une fois de plus.

— Je suis désolée, Paul, la fatigue sans doute. Et tu as raison, merci.

— Lise, j'ai été bouleversé, mais j'ai néanmoins un souvenir qui revient. Pour qu'elle dise Paul, il me semble t'avoir entendu lui susurrer que tu étais toujours là et que tu voulais qu'elle me montre pouvoir comprendre et parler.

— Oh oui, c'est vrai ! C'est moi qui lui ai réclamé ce nouvel effort. Elle a compris et l'a précisément réussi. Donc, tu as raison ! Navrée, Paul, probablement le manque de sommeil. Mais je suis si contente que … Je suis fatiguée, Paul ! Je suis nulle et je pleure comme une gamine ! Crotte à la fin !

— Cela ne me gêne pas. Tu es aussi merveilleuse qu'Anne, vous êtes quasi des jumelles et je ne pense pas que je pourrais être jaloux parce qu'elle t'aime. Alors, étant donné que moi aussi je t …

— Non ! S'il te plaît, je sais, mais non. Anne doit être revenue.

— Oui, chef. Entre vous deux, je ne porte pas vraiment la culotte ! Parce que comme cheftaines, vous vous posez là l'une autant que l'autre.

Ils firent une pause et se préparèrent à manger en échangeant des regards complices et soulagés.

— Paul, Véronique m'a avertie que le retour serait difficile, tu crois que nous pouvons préparer quelque chose ?

— Aucune idée, je me renseignerai. Je n'imagine pas que cela ne soit pas prévu, bien que j'aie un sérieux doute quant à la logique qui prévaut trop souvent.

— Idéalement, si c'est difficile il devrait y avoir une préparation. Il me semblerait normal de recevoir une formation pour être à même d'apporter le soutien nécessaire à une personne en convalescence. Les chances de guérison seraient améliorées, ce qui profiterait au malade, mais aussi à la collectivité, grâce à un rétablissement plus rapide, avec moins de rechutes et de médicaments.

— Oui, mais ça, ce n'est pas pour demain. Tu ferais disparaître la moitié d'un business lucratif. Peut-être du côté des associations, mais j'ai peu d'espoir.

Depuis l'amélioration prometteuse de l'état de santé d'Anne, leur vie avait retrouvé des moments de détentes et les soirées étaient redevenues presque agréables. Au septième jour consécutif de reprises de semi-conscience d'Anne, ils se préparèrent un repas avec quelques bons plats et discutèrent avec enthousiasme. Après quoi, ils remirent la cuisine en état et regardèrent un programme télévisé, mais Lise, fatiguée, monta se coucher alors que Paul préféra rester au salon. La vérité étant qu'en période de longue abstinence, dormir contre le corps d'une femme telle que Lise n'était pas chose aisée en ne devant faire montre d'aucune réaction visible et indésirable, surtout à présent que la morosité et la contrariété s'éloignaient. Ses mécanismes se restauraient et les deux dernières nuits avaient été compliquées, jusqu'à l'être trop. L'odeur et la chaleur de ce corps avaient éveillé en lui un plaisir du contact qui n'avait plus grand-chose d'amical. Sa libido renaissante se nourrissait de ses effluves féminins que ses sens ne pouvaient plus ignorer, ce qui le contraignait à être vigilant. Malgré tout, il ne voulait pas s'en ouvrir à Lise de crainte qu'elle ne le renvoie chez lui où il serait à nouveau seul. C'est ainsi que ce soir-là, il choisit de s'endormir sur le canapé, après s'être servi un verre du remède à solitude de Lise, vieilli en fût de chêne.

CHAPITRE 4

Comme à l'accoutumée, Paul arriva directement de son travail, peu après midi trente, sans avoir mangé ni s'être changé, donc fidèle à son apparence. Il s'arrêta au bureau du service pour s'enquérir des dernières nouvelles concernant son épouse, car il préférait ne pas en parler dans la chambre de crainte qu'Anne entende. Il y rencontra Véronique Lecrès, sa voisine, devenue Véronique l'infirmière avec sa blouse blanche, mais ce jour-là, au lieu de lui délivrer rapidement les dernières informations, elle lui demanda de s'asseoir un instant, ce qui ne manqua pas de l'inquiéter terriblement malgré le sourire amical qu'elle lui adressa :

— Rassurez-vous, Paul, il n'y a rien de grave, mais le médecin ayant votre épouse sous sa responsabilité souhaiterait avoir un entretien avec vous.

— Vous auriez dû commencer par cette précision ! Véronique, vous ne réalisez pas la décharge de stress que vous m'avez infligée. J'ai le cœur qui tape au moins à cent-vingt !

Elle lui adressa un signe d'acquiescement pour lui communiquer sa compréhension, mais le médecin arrivant, elle se mit en retrait :

— Bonjour, Monsieur Técou. Je suis médecin, en charge de votre épouse, et j'ai demandé à vous rencontrer, car nous arrivons à une étape particulière qui vous demandera une bonne compréhension de la situation, d'être patient, psychologue et vigilant.

— Que se passe-t-il, un nouveau problème ? Excusez-moi, bonjour.

— Votre épouse s'est réveillée, ce matin à onze heures !

— J'hésite. C'est une excellente nouvelle, mais vous semblez soucieux. Ses fonctions cérébrales sont intactes, n'est-ce pas ?

— Nous le pensons, oui.

Paul se leva d'un bond, le plaisir impatient et le sourire retrouvé :

— Alors Anne est de retour. C'est génial ! Je peux y aller ?

— Oui, bien sûr, mais je vous demande encore une minute. Vous constaterez visuellement qu'elle est éveillée, mais n'oubliez pas qu'elle est sous antidépresseur avec un traitement complémentaire, puissant, en conséquence, elle est dans un état que nous pouvons qualifier de second. C'est voulu et nécessaire. Pour elle, tout est flou, trouble, sans doute cotonneux si vous voyez ce que je veux dire. Une sorte d'état grippale, mais … difficile !

— Je comprends. Toutefois, c'est précisément ce qui était prévu, non ? Vous m'aviez expliqué cela.

— Effectivement, il n'y a pas de mauvaises surprises. Mais je devais m'assurer qu'il n'y ait pas de méprise, car l'envie de croire en une guérison rapide amène parfois les proches à se méprendre. Elle est donc certes réveillée, mais ne vous attendez pas à retrouver pour autant votre épouse. C'est seulement une apparence, une sorte de pré réveil. En réalité, dans la nôtre, Anne, celle qui est votre épouse, dort encore.

— Je pense assimiler, mais c'est sympathique de me prévenir. Je me souviens parfaitement de vos explications quant au déroulement d'un retour. Cela perdurera sur une période difficile à évaluer, pouvant durer de quelques semaines à de nombreux mois.

— Exactement. Emporté par l'émotion de retrouver le proche éveillé, il est fréquent d'oublier le contexte de sa maladie. Vous pouvez aussi avoir du mal à gérer le fait qu'elle ne tolère rien et ne vous supportera que peu ou mal. C'est ainsi.

— J'y songe souvent pour m'y préparer. Je suis confiant, même si ça m'angoisse. J'espère que je saurais réagir.

— Dans son état, la réalité présente n'est qu'agression, fatigue, génératrice de larmes et de colères, de crises graves, de violents maux de tête … et vous ne maîtriserez rien ! Votre impuissance vous rendra malade, mais ce n'est pas vous qui pouvez la gérer. Dans les moments pénibles, vous ne devez avoir qu'une chose en tête : vous n'y pouvez rien, elle non plus. N'oubliez pas, ces manifestations difficiles ne seront pas des agressions à votre encontre de la part de votre épouse, mais l'expression de sa souffrance. Personne ne doit s'énerver contre une personne qui souffre.

— Je comprends. Ça doit être éprouvant au fil des jours, mais bien moins que ce qu'elle endurera. Est-ce que certains symptômes peuvent m'avertir qu'elle est sur le point de perdre le contrôle ?

— J'aimerais vous fournir une liste. Mais il n'y en a pas.

— Dans ce genre de situation, il est préférable que je la laisse ou que je reste ?

— Même pour nous, seuls les appareils parviennent parfois à détecter les signes annonciateurs, mais nous ne pouvons rien empêcher. Mon conseil : respectez son espace vital, gardez le silence et ne la fixez pas et n'ayez aucun geste ni comportement qu'elle pourrait interpréter comme une humeur, une critique, une moquerie … rien !

— Ah bon ! À ce point, mon regard aussi.

— Les yeux peuvent l'agresser, car ils sont le début d'un jugement. De plus, même en pleine crise, elle a conscience de sa situation et l'interprète comme une déchéance sans espoir d'amélioration. Alors que vous la voyez ainsi, vous, son amoureux, c'est une douleur insurmontable qui s'additionne aux autres.

— Donc je ne tente pas de la coucher.

— Elle hurlera, vous paraîtra parfois devenue folle, mais surtout, et quoiqu'il arrive, vous ne devez jamais essayer de la contrôler ou de lui imposer quoi que ce soit. Si vous l'essayez, je peux vous affirmer ce qu'il adviendra : cela empirera ! Toujours et encore. S'il advenait que cela menace de mal tourner, vous nous appelez, c'est tout. Nous la verrons en consultation, ou c'est une ambulance qui l'amènera aux urgences. C'est ce qu'il vous appartiendra de décider.

— Si Anne souhaite me parler de sa maladie, je lui dis ce que je sais ?

— Seul son médecin peut aborder ce sujet le premier. Vous ne le pourrez pas. Si elle l'évoque d'elle-même avec vous, ne la questionnez jamais directement, et pas une seconde vous n'oublierez cette différence : elle aura des choses à dire, mais pas de réponse à fournir. Ne sous-estimez pas cet effet indésirable comportemental. C'est une réalité, au même titre qu'une fièvre, une infection, une hémorragie, mais elle ne se voit pas et ne se mesure pas, elle se perçoit et se ressent, c'est la seule différence, mais si vous la manquez, c'est la catastrophe !

— Je n'imaginais pas, mais à présent, je comprends. Merci.

— Si vous avez besoin de me parler, je suis à votre disposition. Je vous déconseille de vouloir gérer et dépasser cette étape de sa maladie seul. Pour vous-même et surtout pour Anne qui peut guérir.

— Cela reste compliqué à concevoir ! Donc, en arrivant dans sa chambre, je … quoi ? Je dis bonjour, ou rien, je lui fais un bisou, deux, zéro …

— Essayez de vous ouvrir et de ressentir ce qu'elle éprouve sans qu'elle ait à l'évoquer. Vous la connaissez, alors anticipez et faites pour le mieux. Vous commettrez des erreurs, c'est normal, car il s'agit d'un apprentissage, compliqué, commun aux proches des convalescents de ce service. C'est du cas par cas et en plus qui change parfois plusieurs fois pas jour.

— Je crois avoir compris, merci beaucoup pour elle et moi, j'apprécie énormément ce que vous faites.

Il sortit du bureau et se rendit dans la chambre dont il poussa la porte délicatement, partagé entre l'impatiente et l'anxiété, bien que persuadé en son for intérieur que son épouse l'accueillerait avec un sourire et que tout redeviendrait normal, car eux n'étaient pas comme de trop nombreux couples, ils s'aimaient profondément.

« J'entends une arrivée ! Pour ouvrir aussi doucement, c'est un visiteur. Mais je suis trop épuisée pour tourner la tête. C'est vraiment au-dessus de mes forces. De toute façon, je n'ai pas envie d'essayer. »

— C'est Paul. Je peux entrer ?

« Ah, voilà Paul, il me parle, je suis contente qu'il soit là. Mais je suis trop fatiguée pour le lui dire, il comprendra seul. »

Il vit Anne à moitié assise dans le lit. Véronique l'avait visiblement préparée, elle était belle et ses grands yeux gris étaient à nouveau visibles. Paul se tenait au pied du lit et la contemplait plus qu'il ne la regardait avec un immense sourire.

« Il a l'air content de me revoir, moi aussi. Mais ne me regarde pas trop longtemps, ça me fait mal. »

Il fit quelques pas sur le côté, hésita à l'embrasser, ne le fit pas et s'assit doucement à hauteur de la tête de lit tout en l'admirant.

« J'ai eu peur, j'ai cru qu'il se mettrait à parler et à faire du bruit. J'essaie de pivoter pour lui sourire, cela me coûtera un gros effort pour paraître normal, mais je ne voudrais pas qu'il sache que je suis dans le potage. »

Paul la vit tourner son visage vers lui lentement, comme si elle n'avait plus aucune force, ce qui l'impressionna beaucoup :

— Ne bouge pas ma chérie, je sais que tu es fatiguée, je ne veux pas que tu le sois encore plus à cause de ma présence.

Il se pencha et lui déposa avec précaution un baiser sur le front, se redressa et la regarda toujours souriant. Son plaisir était trop intense pour qu'il puisse le ranger.

« Je dois lui sourire aussi, sinon il croira que je ne suis pas contente, mais c'est dur. J'ai encore l'impression que l'air est épais. À présent, je reconnais que ta présence m'est agréable. Pour te le montrer, voilà un grand sourire ! Mais je suis fatiguée. »

Paul reçut son regard avec une profonde émotion et parvint à déceler une légère contraction à la commissure des lèvres, comme si elle voulait lui adresser un timide signe, ou peut-être essayer de lui dire quelque chose.

« Tout se passera bien, je pourrais tenter de lui causer. Je crois que je devrais le faire. Mais je ne sais pas quoi raconter. Malgré cela, je veux lui parler. Je me lance, je prends mon souffle et j'essaie » :

— …'jour.
— Je suis si heureux de te voir et de t'entendre, si tu savais comme je suis content. Je t'aime tant. Nous pouvons discuter ou je me tais ?

« Te répondre serait trop long. Moi, je cligne des yeux. Tu le vois ? »

— Tu préfères communiquer avec des battements de paupières ? Je m'y prends mal. Tu clignotes un coup pour oui, deux pour non. Je peux parler ou cela te fatigue ?

« Voilà ! Je te souris, car je suis contente que tu aies compris. Et je ferme une longue fois pour te dire oui. »

Paul vit le battement de cils et lui retourna un sourire. Toutefois, ne détectant aucun enthousiasme de la part de son épouse, pas même une moue, il s'en étonna, envisagea de l'indifférence, puis attribua cette passivité à la fatigue :

— Je voulais que tu saches que nous avons préparé ton retour avec application et tendresse. Ton absence est cruelle Anne. Je prendrai soin de toi le temps nécessaire à ta guérison.

« Rentrer ? Mais …C'est quoi ce délire ? Je ne suis pas prête, alors oublie. Je ne comprends pas cette idée. Pourquoi veux-tu me forcer à revenir si vite ? Ça me fait peur ! Et je refuse que tu dises que je suis malade, je suis sans doute fatiguée, mais rien d'autre. Zut ! J'ai l'intérieur de mon corps qui se met à trembler. ARRÊTE ! LAISSE-MOI SEULE ! TAIS-TOI !! SORS ! TU ME RENDS FOLLE ! »

— Tu pleures ? Que t'arrive-t-il ? Tu as mal ? Tu veux que j'appelle le médecin ?

« Mais pourquoi tu continues ! Ferme là donc, tu ne vois pas que je n'en peux plus ! Ça me déchire de partout, j'ai le cerveau qui me fait mal, il crie. C'EST HORRIBLE. SORS. AU SECOURS ! »

Il la vit remonter lentement les deux bras de part et d'autre de sa tête qu'elle enserra de ses mains, ouvrir la bouche légèrement, serrer les dents et se mettre à gémir doucement, puis de plus en plus fort comme si une énorme souffrance l'envahissait. En quelques secondes, c'était devenu un hurlement qu'elle poussa à quatre ou cinq reprises, et elle fut prise d'une intense crise de pleurs. Paul était désemparé, il ne comprenait pas ce qui se passait et se demandait ce qu'il avait pu commettre comme erreur pour devenir la probable cause d'une telle réaction. Il désirait la prendre dans ses bras, mais se souvint des paroles du médecin et se fit violence pour rester assis. Il était pâle lorsque Véronique entrât précipitamment dans la chambre :

— Paul, je m'en occupe, sortez, s'il vous plaît. Je comprends votre désarroi, mais faites-moi confiance. Dépêchez-vous et attendez dans le couloir.

Elle accompagna son ordre d'un petit signe de la bouche pour lui demander de ne rien dire. Sans chercher à protester, il s'exécuta, aussi choqué que consterné.

— Anne, je suis là, calmez-vous, nous sommes seules. Je vous donne un verre d'eau fraîche et vous pourrez vous détendre. Votre effort était courageux, c'est bien, Anne. Mais pour le premier jour, la concentration était trop importante. Il est nécessaire de vous reposer à présent.

« Véronique, il veut me forcer à rentrer à la maison, sans même me demander mon avis ! Et il m'a dit que j'étais malade, ça me rend folle. J'ai si mal, aide-moi. Il faut que cela cesse, je souffre trop, je sens que je suis sur le point de décrocher et de perdre la raison. »

Elle lui versa de l'eau dans un verre et le lui porta aux lèvres. Anne en bu une seule petite gorgée, mais cela suffit à contraindre sa gorge à se dénouer alors qu'elle commençait à lui faire mal tant elle était crispée.

— Voilà, maintenant au repos et dans le calme. Et n'essayez pas de me parler. Je repasse dans une demi-heure. En attendant, dormez un peu.

« Merci Véronique, heureusement que tu étais là, ma tête m'a fait mal. Je dois dormir, mais reviens vite. J'ai besoin que tu m'aides. Je suis contente de les voir, je suis même impatiente qu'ils arrivent, mais je ne supporte pas leur présence ! »

En refermant la porte avec douceur, Véronique trouva Paul livide devant celle-ci. Son regard interrogateur attestait qu'il attendait sa sortie avec impatience. Elle était d'autant plus peinée pour lui, et pour eux deux, qu'elle les connaissait comme voisins et pour avoir été invitée à plusieurs reprises aux réceptions toujours réussies qu'ils donnaient. Ils étaient un couple parfait qui s'admirait.

— Paul, il faut la laisser se reposer. Je sais que c'est dur pour vous, mais vous venez d'avoir un aperçu de ce dont nous voulions vous prévenir.

— Mais … elle est folle ! C'est terrible.

— Doucement ! C'est juste une crise, un coup de fatigue, Paul.

— Alors, c'est moi qui ai provoqué une telle crise ? Je n'ai rien fait, je vous assure.

— Je sais, Paul, mais c'est ainsi. Il suffit d'une parole inappropriée, d'un regard, d'une émotion, d'un geste, d'un sous-entendu ou d'un mot qu'elle attendait et qui n'est pas venu, et cela déclenche une réaction en chaîne aboutissant à une douleur dans sa tête, violente à hurler. Nous sommes dans l'effet papillon.

— Sincèrement, Véronique, elle restera ainsi quelques jours ou c'est juste le temps du réveil ?

— Paul, suivez-moi au bureau, je vous trouve pâle. Voilà, installez-vous et écoutez-moi. La sortie du sommeil est une phase particulièrement difficile pour elle, quasiment impossible à anticiper pour nous. Il y en aura plusieurs par journée. Pendant de nombreux jours ! Vous comprenez ?

— Je crois oui. Mais … à quelle hauteur ? Vous pouvez me le dire, je suis déjà sur une chaise.

— D'accord. Pour elle, dorénavant, nous ne comptabiliserons plus sa progression en heures, c'est certain. Ni en journées, Paul ! Mais en semaines, en mois, probablement, en années peut-être. Personne ne sait à ce jour prévoir cela.

Il encaissa les informations avec la violence instantanée dont elles étaient porteuses, dévisageant Véronique comme s'il espérait trouver sur son visage la preuve qu'il comprenait mal. Elle lui posa une main sur l'épaule, il soupira, et après un silence pour assimiler :

— C'est terrible. Horrible. J'étais prévenu, mais je n'imaginais pas ! Comment vivrons-nous ? Elle parviendra à rester seule à la maison ?
— Oui, bien sûr, elle retrouvera son autonomie, à son rythme, mais plus tard, même si elle consacrera beaucoup de temps à dormir.
— Véronique, je fais quoi maintenant ? Je retourne près d'elle ?
— Rentrez vous reposer, sans embarras, la situation est éprouvante.
— Bien. Je suis bouleversé, Véronique. Merci. Au revoir.

Paul s'en retourna désemparé. Il avait été si heureux de la voir éveillée, mais quelques minutes plus tard si profondément ébranlé !

Ainsi que chaque jour travaillé, Lise arriva peu après quatorze heures trente, en jupe seyante bleue claire avec le blazer assorti et un chemiser blanc déboutonné juste ce qu'il faut pour proposer un décolleté tirant l'œil sans rien montrer. Selon le rituel déjà établi, elle passa par le bureau des infirmières prendre les dernières nouvelles auprès de Véronique sa voisine, amie et complice, ici en blouse blanche. Mais ce jour-là, au lieu de lui donner rapidement les informations quotidiennes, elle lui demanda de s'asseoir quelques instants, ce qui ne manqua pas de paniquer Lise malgré le sourire amical qu'elle lui adressa :

— Rassurez-vous, Lise, il n'y a rien de grave, mais le médecin voudrait vous voir.
— Tu au … Vous auriez pu me le dire tout de suite, Véronique, j'ai imaginé le pire, j'étais au bord du malaise !
— Bonjour, Mademoiselle Leroux, je suis l'interne en charge de votre amie. J'ai demandé à vous voir précisément aujourd'hui, car nous arrivons à une étape particulière, réclamant des proches dont vous êtes, d'être psychologues, patients, réceptifs, et d'avoir une bonne compréhension de la situation.
— Je pense être un peu tout cela.
— Votre amie s'est réveillée ce matin.
— Enfin ! Que je suis contente. Comment se porte-t-elle ?
— Elle est sous antidépresseur avec un traitement complémentaire qui l'a maintien dans un état second. Son environnement est flou et sans doute confus. Ce qu'elle perçoit est atténué ou accentué dans une réalité qui lui est propre !

Le médecin laissa Véronique prendre le relais et celle-ci résuma la situation à Lise, le réveil, les nouvelles difficultés, la venue de Paul et la fin compliquée de sa tentative de dialogue.

— J'ignore s'il est raisonnable que tu lui rendes visite. Elle est fatiguée et ses nerfs sont à vifs. Lise, elle risque de souffrir et toi aussi.

— Laisse-moi essayer, si je perçois le moindre signal d'alerte, je sors en silence.

— OK, je sais que tu connais le bouton rouge, essaie.

Lise poussa la porte avec précaution, entra, referma avec douceur et s'approcha du lit sans un mot, le contourna en jetant un œil discret à Anne qui l'observait, marqua une pause pour la regarder et lui sourire, puis d'un signe de la main le pouce en l'air lui communiqua sa joie de la voir éveillée. Elle s'assit dans le fauteuil près d'elle et profita de ne pas être vue pour libérer un large rictus de plaisir dévoilant ses dents blanches et creusant ses fossettes. Sans un mot, elle sortit un livre de son sac et se plongea dans sa lecture, simplement et pour elle seule.

« Pourquoi est-elle silencieuse ? Qu'est-ce que tu mijotes, Lise ? Tu risques de m'obliger à tourner la tête ou à te parler si tu continues. Je n'en ai pas envie. Bon, l'effort est pour moi, je pivote vers toi. Tu lis ! Tu es venue dans ma chambre pour lire ? Remarque, ça m'arrange, je ne veux pas que tu me demandes comment je me porte. Tu es jolie. Finalement cela me fait du bien que tu sois là, je me sens apaisée, sereine, pas seule, mais avec personne à supporter. Je voudrais en profiter pour me reposer. Lise, essaie de rester quand même. Je m'endors. »

Tout en lisant, Lise lui jetait des regards par-dessus sa lecture afin de l'observer et de la surveiller. Lorsqu'elle vit qu'elle avait fermé les yeux et validé le calme de sa respiration, elle posa son livre sur ses jambes, renversa légèrement sa tête sur le dossier et la contempla, cherchant à comprendre sa souffrance et comment l'aider.

Véronique, surprise que vingt minutes se soient déjà écoulées sans que le moindre cri retentisse alors que Lise était toujours à l'intérieur, poussa la porte de chambre pour s'assurer que le calme régnait et vit Anne qui somnolait. Lise lui adressa un signe amical, elle le lui rendit en souriant et referma.

Quarante minutes plus tard, Anne ouvrit les yeux et bâilla légèrement, ce qui attira l'attention de Lise qui, pour se signaler, croisa et décroisa les jambes.

Anne la perçut et, en tournant la tête, valida que c'est bien Lise qui était toujours présente. Elle lui adressa un petit sourire que la jeune femme reçut avec une émotion contrôlée.

« C'est gentil d'être encore là. »

— Je vois que tu es éveillée et tu as l'air bien. Comme j'ai faim, j'en profite pour descendre cinq minutes me chercher un truc à grignoter, je reviens, à tout de suite.

Elle avait murmuré plus que parlé. En passant au pied du lit, elle souffla un baiser en direction de son amie qui lui renvoya un léger sourire et elle sortit.

— Elle m'a souri deux fois, Véronique. Elle n'a rien dit, mais n'a pas pleuré.

— Bravo, c'est bien, tu es d'une grande sensibilité. Cela ne m'étonne pas de toi que tu réussisses ce genre de chose. Ce n'est pas donné à tout le monde, crois-moi.

— Je présume que sa sortie est programmée, c'est pour quand ?

— Hélas oui, c'est pour dans deux jours. Elle devra pouvoir nous quitter. Il faut que tu expliques à Paul comment si prendre, sinon ils auront des problèmes. S'ils n'arrivent pas à gérer, c'est la maison de repos. Lise, je n'ai pas le temps de procéder par étapes, alors j'ose. Jérôme sort avec les enfants donc je suis seule ce soir. Tu serais tentée par un duo romantique ?

— C'est que, j'ai Paul quasiment en charge en ce moment. C'est pour me faire plaisir que tu veux que nous passions une soirée ensemble ? Tu crains que je me sente seule et exposée ?

— Je pourrais te répondre par l'affirmative pour te la jouer hyper dévouée, mais cela ne serait pas honnête, c'est surtout pour moi ! Tu as l'habitude d'être directe en la matière et tu m'as encouragée à considérer les choses avec simplicité et naturel, alors j'applique ! Tu pourrais venir à moi tôt afin d'être rentrée avant vingt et une heures. S'il te plaît, j'ai besoin de souffler !

— C'est d'accord, je serai devant ta porte à dix-huit heures trente.

— Génial. Je suis super contente, Lise, mais alors … comblée !

— Je suis ravie aussi. Je retourne auprès d'Anne, à ce soir.

« Tu as été longue, je commençais à m'inquiéter. Tu dois en avoir assez d'être sur ce fauteuil tous les jours. Je ne te le dis pas à chaque fois que j'y pense, mais je te remercie énormément. Le mot est insignifiant pour ce qu'il devrait exprimer. Je veux essayer de te le dire, c'est encore le mieux. »

— Merci, Lise.

Lise sursauta et voulut lui répondre, mais une nouvelle fois les larmes l'emportèrent sur son self-control pendant quelques secondes, puis elle lui répondit avec la même douceur et dans un murmure :

— Tu m'offres un grand cadeau. Merci, ma puce. Je t'aime. Ne te force plus à parler. Ce n'est pas nécessaire pour moi. Tu ne dois le faire que lorsque cela t'est facile. Je n'ai pas besoin de t'entendre pour communiquer avec toi, nous sommes ensemble et ça me suffit, comme à toi. Tu sais que je suis là et tu peux te reposer et dormir en toute quiétude.

— Merci de me comprendre si parfaitement.

Cette fois, Lise ne répondit pas et se contenta de lui serrer la main. Anne reprit lentement, comme si chaque mot faisait l'objet d'un effort particulier dans la réflexion, l'articulation et la respiration. Le silence de Lise lui convenait :

— Parler m'effraie. Cela me fatigue vite. Et j'ai une peur horrible de … je ne peux pas le dire. Je sais devoir sortir bientôt, Lise. J'aurai besoin de toi. Je ne supporte pas d'être regardée, pas que quelqu'un me parle, pas d'être touchée … J'ai même l'impression que je ne gérerai pas que des inconnus me voient marcher ! Mais je n'endure pas d'être seule ! Prends soin de moi et protège-moi. Je serai ton bébé pendant je ne sais combien de temps. Et pénible ! Je le sais. C'est fini, je suis épuisée, je dois dormir, rentre, merci.

— Je partirai lorsque tu dormiras.

Lise était pleinement consciente de l'importance de l'instant. Anne avait parlé, lentement et doucement, mais pendant quelques minutes et lui avait livré son appel à l'aide. Elle regrettait que Véronique ou son médecin ne soient pas présents, car ils auraient réalisé ses efforts et compris qu'elle guérirait. Anne endormie, elle se leva, lui envoya un baiser pour éviter de la toucher et sortit discrètement de la chambre. Elle en informa l'interne de service et ils en discutèrent, puis elle prit le chemin du retour, car le début de soirée approchait.

La circulation aidant, Lise ne parvint pas à rejoindre son quartier avant l'heure de son rendez-vous avec Véronique. Elle contacta Paul avec le téléphone de son véhicule et le prévint qu'elle rentrerait tardivement, puis se rendit directement chez son amie.

— Super, tu es à l'heure, mais moi je ne le suis pas vraiment Lise. Je nous ai préparé des amuse-gueules sympas. Résultat, je ne me suis pas encore changée !

— Je ne suis pas ponctuelle, car j'arrive directement de l'hôpital. Je souhaiterais me rafraîchir et m'apprêter un minium.

— Tu m'expliques que tu as prévu de n'être que de passage ? Tu ne me ferais pas ça !

— Écoute, je suis debout depuis tôt ce matin et j'ai passé ces dernières heures sur un fauteuil en skaï dans une chambre surchauffée, alors je me sens … mal à l'aise, pour ne pas dire pas net ! Il faudrait que je rentre me doucher. Mais je tenais absolument à passer avant pour te raconter ce qui s'est passé peu après ton départ.

Elle lui fit le récit détaillé de la reprise de contact réel d'Anne et en éprouva encore une forte émotion. Véronique partageait et la prit dans ses bras :

— Je suis heureuse pour elle, pour toi, pour Paul et pour moi. Je me suis beaucoup investie avec elle, bien plus qu'il ne le faut en principe. Lise, je voudrais te demander une grande faveur, un immense service, certes déraisonnable. Enfin … non, j'espère qu'il ne l'est pas.

— Ce que tu veux, parole de Lise, ce que tu as fait pour Anne, pour moi, jamais je ne pourrai te le restituer. Tu me dis et c'est d'accord.

— Alors, ne t'en retourne pas. Je suis prête à me mettre à genoux, à te lécher les pieds si tu le veux, à faire ce que tu me diras, mais j'attendais tellement de cette soirée avec toi … La faveur serait que tu restes et que tu prennes ta douche avec moi, je dois en prendre une pour les mêmes raisons.

— Ah ! Mais je conditionne. Je refuse que tu te mettes à genoux pour ce motif et, malgré ta demande, je ne peux pas accepter de considérer cela comme une faveur. J'ai un tel besoin d'affection, de sensualité, de tendresse et d'amour que je ne me risquerai pas à faire semblant de refuser ta proposition. Monte. Tu me donnes carte blanche ou tu veux garder la main ?

— Avec toi, c'est « ordonne et j'obéirai ». Je ne t'ai jamais caché ce que j'éprouvais pour toi, et depuis que je te vois à l'œuvre à l'hôpital, j'ai découvert l'autre Lise qui a multiplié le positif par dix. En plus du feeling, tu es … je ne sais pas, je ne veux pas trop en faire de crainte que tu me fuies. Tu es belle et tu as consenti à poser tes yeux et tes mains sur moi, ce qui est déjà un cadeau inespéré.

— Là, je dis respect ! Ça, c'est une déclaration. J'adore.

— Je t'ai avec moi au quotidien et j'ai constaté qu'en plus, tu es intelligente, dévouée et subtile ! C'est magique, mais j'ai presque honte du peu que j'ai à te donner en retour. Alors, attribue-moi le ou les rôles que tu voudras. Je suis sérieuse et j'ai utilisé les mots à bon escient. C'est mon envie, mon rêve, mon fantasme, ma demande. Tu me trouves nunuche ou niaise ?

— Non ! Tu es merveilleusement attendrissante. Je te préviens, il n'est pas certain que tu auras assez de jambes pour redescendre. Juste pour savoir, le genre soumise, ça te …

La séance de détente et d'assouvissement commença sous la douche et se poursuivit pendant près de trois quarts d'heure durant lesquels Lise s'employa à leur offrir ce dont toutes les deux avaient envie, du lâcher-prise et un plaisir intense.

— Nous descendons prendre un verre, Véronique ? J'ai soif, je suis crevée et j'ai une petite faim … de louve.

— Il nous reste presque une heure. Tu es sûr que tu ne veux pas attendre encore ? J'aurais voulu que tu me laisses te montrer que je suis bonne élève.

— Hein ? Mais tu es insatiable ! Je dois préserver un visage un minimum présentable, car je suis avec Paul tout à l'heure. Et pour être honnête, je suis épuisée. Pas toi ? Dis-moi, sincèrement ?

— Si, je suis vidée et éreintée. J'ai la tête légère, style gonflée à l'hélium, et je plane au point que je ne pourrais pas conduire. Mon corps est lourd comme s'il était de plomb, mais délicieusement hypersensible. J'ai l'impression d'avoir les yeux dans les joues et j'ai les jambes qui tremblent de l'intérieur. Si tu m'effleures encore, je reste accrochée au plafond. Voilà mon état des lieux.

— Ah bon ! Mais alors ? Tu désirais pourtant … En fait, tu voulais juste te la péter, genre ce n'est pas moi qui calerai la première !

— Tu n'y es pas, je suis bien plus simple que cela. Je suis heureuse en ménage, mais … un plaisir comme celui-là, Lise … Je ne savais pas ! Tu comprends ? Jamais ! Je voulais donc essayer de te rendre ce que tu m'as offert, en te copiant, en tentant à mon tour d'être Lise pour que toi aussi tu aies envie d'une nouvelle expérience. Dans pas trop longtemps. Je suis consciente de manquer de pudeur, mais avec toi je suis si libre que je me confie sans retenue et j'en retire un bien-être maladif. En fait, Lise, j'éprouve un plaisir divin à en être extrêmement impudique. Alors, ne te moque pas.

— Tu es trop gentille. Tu es Véronique, une super nana, ne la change pas, crois-moi. Je me douche et nous prenons un verre en grignotant tes encas qui parfument la maison. Et comme j'ai adoré, nous reprendrons ton éducation à la première occasion. C'est promis, alors ne soit pas stressée. Tu partages la douche ?

— Je porte le coup de grâce à ma pudeur ! Devant toi, je me suis mise à nu dans tous les sens du terme et j'assume tant c'est libérateur. Je veux me livrer encore et assouvir mes envies, dont celle de m'exhiber totalement, juste pour toi. Je veux que tu saches celle que je suis en réalité. Lise, je n'ai jamais partagé une nuit avec toi, alors pour mener mon fantasme de la soirée à son terme, je ne me doucherai pas ! Je voudrais dormir enrobée de tes parfums. Je n'en éprouve aucune honte, juste du plaisir.

— Toi, tu es accrochée ! Ça m'embête, mais j'adore. Je dois rentrer quand même !

Lise se doucha sous le regard attentif de son amie, puis elles descendirent se régaler de la collation préparée. L'invitée apprécia sincèrement la douceur du tout et enroba spontanément Véronique dans ses bras en lui caressant les cheveux :

— Véronique, tu ne pourrais pas me serrer contre toi ? Tu n'en as pas envie ?

— Oh si ! Mais si je t'étouffe, tu risques de me repousser ou de m'éviter. Et … j'ai une certaine crainte d'être … ridicule ! Je suis désolée, Lise !

— Reste humble, tu découvres. Laisse sortir ton affection, moi je le fais sans te demander la permission. Je désire un câlin et je te le prends. Apprends-toi à écouter les aspirations que te souffle ton corps. C'est lui qui te fait vivre et dit celle que tu es. Nourris-le.

— Lise, sais-tu pourquoi tu es bisexuelle ? Tu as déjà dû te poser cette question.

— Polyglotte, c'est beaucoup dire, car à part Paul … Mais je m'y suis essayée, c'est vrai. Comme toi avec moi d'ailleurs.

— Oui. Justement, je m'interrogeais quant à l'origine d'un tel appétit. Pourquoi ai-je franchi le pas ? Qui m'a désignée pour cela ? Attention toutefois, je ne regrette pas. Sauf de ne pas avoir osé avant !

— Je n'ai pas la réponse et j'ignore si elle existe. Pour ma part, je pense que la nature nous programme naturellement pour la propagation de l'espèce, c'est en nous. Mais au fil de l'évolution, nous nous éloignons toujours plus de notre instinct animal.

— Jusque-là, cela me convient.

— Je me plais à croire qu'il est possible d'éprouver un désir pour une autre motivation que celle de la reproduction, comme l'affinité, l'amour, la facilité, la séduction … Et puis aimer le corps de son propre sexe n'est pas une honte. Je suis convaincue que toute personne qui s'accepte et s'assume est potentiellement bisexuelle, après, ce n'est qu'une question de circonstances et d'opportunités.

— Je n'osais pas trop le dire, mais j'ai l'impression que d'avoir franchi le pas, je me sens plus équilibrée ! C'est étonnant et déroutant. Mais je ne suis pas du genre à suivre un effet de mode qui m'aurait poussée à faire cette expérience. En plus de ce que tu as évoqué, je sais qu'au plus profond de moi je recherchais une douceur et une tendresse que je pense ne pouvoir trouver que dans une complicité féminine. J'ai découvert autre chose. Mais je te soule peut-être. Je suis bavarde.

— Pas assez. Confie-toi encore, s'il te plaît. Je ne suis pas curieuse, mais je m'enrichis ainsi, et j'en suis avide.

— L'inattendu pour moi, c'est le niveau de sensualité. Même ponctué par les élans fougueux, l'aspect sexuel du rapport passe en second plan. Si je devais utiliser un mot pour qualifier ma séance amoureuse avec toi, je choisirais sensuel. Cela dit, j'adore la virilité de ma relation conjugale et ne pourrais pas m'en priver, mais j'ai toujours eu cette envie de grande douceur en moi, et je crois que c'est normal.

— Et j'en profite ! Je partage chacun de tes mots, Véronique.

— Depuis nous deux, je me demande quelle serait ma réaction si Jérôme m'annonçait faire comme moi ! Tu en penses quoi pour les hommes ?

— La même chose, exactement. À ceci près que, personnellement, je trouve cela moins esthétique. Mais bon, je suis branchée femme et je n'ai pas idée de la perception qu'ils peuvent avoir de leur image.

— Je risque de sombrer dans un vieux cliché, mais celui-là m'arrange. Je nous crois plus belles ! Surtout toi !

Lise se prépara à prendre congé en échangeant un bisou affectueux et elles se fixèrent rendez-vous pour le lendemain en début d'après-midi à l'hôpital. Véronique avait eu une petite hésitation de comportement au moment du départ de son amie. Déjà une fois, à l'occasion d'une séance câline, elle s'était épanchée sur ce qu'elle éprouvait envers elle, proche de l'amour bien que confus. Ce soir elle avait encore pris son élan, mais à la dernière minute avait rougi et s'était ravisée par peur.

Mais elle avait le désir fort de continuer à assumer son aventure, car elle se sentait vivre à la puissance dix depuis, mais de craintes en hésitations, elle avait finalement opté pour une déclaration plus pondérée et sans doute plus proche de la réalité. Le moment était venu de l'exprimer :

— Lise, l'aspect intime de notre relation est agréable et j'y tiens, mais sache encore une fois que pour moi, il y a plus que cela. À demain.

— Bonne fin de soirée. Je t'ai dit pour moi, tu le sais, mon cœur est déjà bien occupé, mais je t'avoue un truc : à être aussi gentille avec moi, j'y suis de plus en plus sensible !

Elle sortit en lui faisant un clin d'œil. Véronique la regarda partir comme une adolescente l'aurait fait, puis, après un profond soupir, se remit au travail pour effacer les traces du passage de Lise, sauf sur elle-même, et enchaîna en préparant la table du petit déjeuner de sa famille nombreuse pour le lendemain.

Lise sonna chez Paul qui ouvrit rapidement la porte. Il l'attendait avec une précipitation non dissimulée !

— Bonsoir, Paul, quelle est l'humeur de ton moral ce soir ? Positive ?

— Presque, merci. J'entamais une impatience compliquée. Un souci ?

— Mais non. J'ai de bonnes nouvelles, je sais que tu es rentré trop tard pour passer à l'hôpital, mais ne t'inquiètes pas et ne culpabilises pas, elle s'est endormie profondément avant mon départ.

— Ah bon ! Je m'en suis trouvé contrarié, tu l'imagines facilement.

— Anne m'a fait la conversation cet après-midi ! Lentement, durant deux ou trois minutes, mais elle a été cohérente, comme toi et moi.

— Enfin ! Je n'y croyais plus. Elle a dit quelque chose de particulier ?

Lise lui fit le récit détaillé en essayant de reprendre les mots à l'identique. Paul écoutait avec grande attention et s'assombrit, car contrarié malgré le soulagement profond qu'il éprouvait.

— Paul, tu dois accepter qu'elle ait besoin de temps, de beaucoup, et il nous faudra de la patience, généreusement.

— Quand sortirait-elle ?

— Peut-être demain dans l'après-midi, sinon le surlendemain au plus tard.

— Je suis content, soulagé, mais assez angoissé malgré tout. Où l'installerons-nous ? Mangera-t-elle avec nous ? Et pour sa toilette et le reste, se lèvera-t-elle ? Et si elle fait une crise, que ferons-nous ? Et pourra-t-elle demeurer seule ?

— Houlà ! C'est la grosse angoisse. Je te propose de manger un bout, parce que j'ai juste pris un encas, et nous parlerons de tout cela à table !

— Désolé ! Tu as raison. Lise, tu ne sens vraiment rien ? Au salon.

— Ouah ! Génial, un repas aux chandelles et avec plein de petits plats !

— Je voulais te faire plaisir, juste comme ça. Alors j'espère que tu aimeras. Je trouve que ce soir tu as un visage particulièrement … reposé et épanoui, tu es belle. Tu me sembles plus lumineuse.

— Je suis impatiente de goûter chaque mets. Tu m'aides à mettre les préparations sur des plateaux ? Dans moins de cinq minutes, nous mangeons !

— Mais, mais …

— Je suis pénible, je te le concède, car je le conçois. Toutefois, Paul, et je te l'ai déjà précisé à maintes reprises, sans Anne, ma place est dans ma maison.

— Tu as un décret à me présenter ? Une loi secrète ? Une convention collective ?

— J'ai mieux. Dans l'univers d'Anne, il faut de l'ordre !

— Bon, d'accord ! Mais je te le dis comme je le pense, tu sais être irritante. Et gonflante !

Quatre minutes plus tard, tout était transféré et réinstallé dans le salon de Lise, y compris les bougies. Elle s'installa en tailleur devant la table basse et il en fit autant de l'autre côté, avec plus de difficultés. Ils prirent leur repas autour d'un quasi-monologue de Lise intarissable sur la méthode à mettre en place pour le retour d'Anne et sa réintégration dans le quotidien, isolée dans la maison dans un premier temps, avec peu à peu des sorties organisées.

Paul écoutait, acquiesçait, enregistrait et se sentait peu à peu rassuré.

Lorsque vint la partie du repas où il se détendit, il la regarda différemment. Il observait le mouvement de ses lèvres sans que les paroles n'aient d'importances, glissait ses yeux dans les petits plis de ses joues lorsqu'elle souriait, caressait sa chevelure du regard, suivait la courbure de ses sourcils, le modelé de son nez et détaillait le duvet blond qui empiétait sur son visage sur les côtés de son front. Il la dévisageait comme s'il ne la connaissait pas, imaginait son corps ouvert par la position d'assise en tailleur et ne pensait plus qu'à la posséder avec passion et gourmandise.

— C'est ainsi que vers la sortie, au milieu de l'entrée, j'ai pris la voiture pour faire le tour de la table avec Anne en maillot minimaliste sur la galerie de toit.

— Oui, bien sûr.

— Ensuite, mon bureau a brûlé parce que mon café a fondu dans la couverture des cheveux de la porte. C'était étonnant.

— Oui, j'imagine.

— Youhou, Paul ? Voilà un moment que je dis absolument n'importe quoi et tu continues de me dire oui en hochant la tête ! Et je ne sais pas pourquoi, mais rien qu'à ton regard j'ai comme l'impression d'être nue devant toi. Tu veux faire l'amour, n'est-ce pas ?

— Oh oui ! Euh … non ! Non non, je n'ai pas dit ça du tout, je n'avais pas compris ta question.

— Tu as beaucoup bu avant que je n'arrive ?

— Non ! Pas une goutte, j'ai fait quelques longueurs de piscine et me suis occupé aux préparatifs de notre soirée.

— Zut, saine sobriété inquiétante ! Tu cumules combien de jours d'abstinence ?

— Pas loin de quatre mois. Nous parlons de la même, n'est-ce pas ?

— Je le crains. Le sevrage est raide ! Et tu ne t'es pas autorisé des écarts … isolés, discrets, salvateurs ? Manière de survivre ! Le sujet est délicat.

— En effet, cela froisse facilement. Jusqu'à aujourd'hui, l'état de santé d'Anne me protégeait. Je t'avoue avoir essayé, mais rien, à m'en inquiéter ! Alors que là, de savoir Anne éveillée et son retour proche, la machine se remet en marche. Elle n'était pas cassée, juste en veille, et fonctionne à nouveau parfaitement. Soulagement, mais je suis à fleur de peau.

Lise lui adressa une moue de compréhension, qui se transforma rapidement en surprise, doute et interrogation :

— Paul, la période dépasse largement celle de son absence ! Il faut que tu m'expliques ! Vous ne vous entendez plus ? Elle ne veut plus de toi au lit ? Tu ne m'as pas tout dit sur ce qui a précédé la crise !

— Elle était mal avant de craquer, et pour l'amour et le sexe en général, c'était non.

— Vous vous êtes donc disputé et tu ne veux pas me l'avouer !

— Anne ponctuerait d'un : « Paul le balourd est aussi un bavard ». Pas de brouille, Lise, mais un certain éloignement, rien de méchant. Je crois que notre échec à devenir parents abime notre relation.

— Ce qui est compréhensible.

— Mais pas de chicanerie ni de désaccord, pas d'indifférence ni de jalousie. Juste de l'ennui, c'est ce que je pense.

Il s'approcha d'elle et posa une main tendre sur son bras, puis remonta jusqu'à son épaule. Lise se dégagea :

— Paul, je ne veux pas. Pardonne-moi, je comprends que tu sois à la limite d'en souffrir, mais je ne peux plus faire l'amour avec toi. C'est mon choix.

— Merde alors ! Tu imagines ce que c'est de vivre avec une nana comme toi sous les yeux sans pouvoir la toucher ? Tu dors contre moi avec juste un tee-shirt, pas de culotte, tu cales tes seins sur moi la moitié de la nuit, je t'ai portée nue à la douche … La journée, c'est tes jupettes au ras du cul, ton décolleté, ton sourire, tes cheveux, ta nuque, tes yeux, ta bouche, en plus tu es assise en tailleur ! Merde alors ! J'imagine sans arrêt comme tu dois être ouverte. Chiotte. Je t'entends faire pipi la nuit. J'en ai ras le cul, moi ! Et en plus, tu as vu la nana, tu n'es pas un boudin, tu es un pousse au crime ambulant ! Tu fais chier. Ça te coûterait quoi ?

— Nous y voilà ! Paul, je te préviens, pas de ça entre nous ! Si tu te fâches parce que je ne cède pas, tu rentres chez toi à l'instant et ce n'est pas la peine d'essayer de revenir. Si tu me prends de force, certainement que tu parviendras à tes fins, mais je te garantis que tu ne pourras plus t'en servir avant longtemps ! N'y songe même pas, ou ose jusqu'au bout et frappe fort tout de suite.

— Te forcer ! Je ne pense pas mériter que tu me dises cela. Merde alors ! Je suis seul et j'en ai marre, tu peux comprendre ?

Il fit une pause, respira lentement, puis reprit plus calme :

— Mais bon, sur le fond tu as raison, cette fois j'ai pété les plombs. Je n'en peux plus. Désolé, Lise, je te présente mes excuses. Tu veux bien les accepter et oublier mon écart ? S'il te plaît, accorde-moi le droit à l'erreur. Ce n'étaient que des mots, déplacés certes, mais les premiers durant plus de dix années de quasi-cohabitation. Tu y consens ?

— Excuses acceptées ! Ne doute surtout pas que je ne subisse jamais les assauts de mon corps, et je crois savoir que pour les hommes … enfin, bref, ce n'est pas un sujet pour nous, du moins dans notre situation ! Je te prête un film conçu pour gérer ce genre de contrainte, et tu te débrouilleras, mais plus tard.

— Et si nous le regardions ensemble ?

— Que nenni ! Tu travailleras le DVD avec un whisky. Le palliatif fonctionne ! Et Lise montera se coucher en te remerciant pour cet excellent repas. C'était bon, original, beau, romantique … et agréable.

— Et si …

— Chut … Ne dis plus rien, crois-moi, tu le regretterais dès demain. Paul, sérieusement, Anne rentre prochainement, c'est sûr. Alors il te faudra gérer, mieux, car il est inenvisageable que tu lui sautes dessus, quel que soit l'importance de ton désir et de ton besoin. Tu peux le promettre, Paul ? Il ne faut pas jouer à cela, Anne ne le supporterait pas, elle pourrait repartir dans son monde et pour longtemps. Elle sera « pas touche », même si tu demandes gentiment.

— Mais … OK, je deviendrai dingue, mais c'est la vie. Tu imagines être à côté d'elle et ne pas pouvoir, dans l'état où je suis déjà ? Je ne veux pas prendre des médicaments ni solliciter une prostituée !

— Bon ! Tu as raison, c'est un vrai problème, et je ne voudrais pas que tu voies ailleurs, Anne ne me le pardonnerait pas ! Nous gérerons ensemble ta contrainte. Promet de ne rien me demander, de ne pas me tripoter, ni me forcer, ni m'embrasser … et je t'aide.

— Comme si … Pfff ! Mais tu as ma parole. M'aider comment cela ? Tu accepterais de temps à autre ? Ou une pratique, mais pas d'autres ?

— Ah non ! Pas de tout !

— Tu aurais pu faire semblant d'hésiter un instant avant de répondre !

— Certes, mais non plus. Je pensais solliciter Véronique. Elle est sympa, elle n'a pas froid aux yeux, elle connaît ta situation, elle est hétéro …

— Je t'interdis d'oser parler de moi à ce propos à Véronique ! Ah ça, non alors ! Je n'oserais plus la regarder en face !

— Voilà qui est prometteur. Donc, dans l'élan, tu m'expliques comment avec moi tu oses à ce point ? J'ai l'air d'une fille facile et ça rend naturelle cette différence ? J'ai un côté vulgaire ?

— Ouille ! Non, pas du tout !

— Ah ! C'est pire. Pétasse ?

— Mais non !

— Stupide !

— Lise ! Arrête …

— Et la dernière carte est … Salope ! Merci, me voilà fixée !

— J'ai compris, je rentre chez moi.

— C'est une éventualité. Les films nécessaires sont derrière le téléviseur. Je ne voudrais pas qu'il y ait une dispute à cause de nos différences de perception et de gestion de nos vicissitudes animales et je nous estime au-dessus de ces atavismes. Tu les prends et tu retournes chez toi. Mais, Paul, tu restes dans le contrôle, car un dérapage et tu me rends mes clés.

Lise lui remit les DVD en lui adressant un clin d'œil affectueux et complice.

— Lise, je devrais avoir la honte de ma vie, aucun doute, nous sommes d'accord ! Mais je n'y arrive pas, je n'en ai plus les moyens. Je voudrais juste retrouver la paix et pouvoir me reposer ! Tu n'as rien à craindre. Merci.

— Avec moi à quelques mètres et qui sait, cela devrait ajouter l'épice nécessaire au redémarrage de ta mécanique.

— Après le film, je peux venir me coucher ?

— Non. Je sais ce que tu t'apprêtes à voir, et … non !

— Je comprends. Demain soir, je me charge du repas. Nous pourrons reprendre nos nuits câlines sans souci, serrés l'un contre l'autre.

— Pour l'instant, je monte. Première personne, Paul, JE.

— Je ferme à clé en sortant.

Paul parti, Lise demeura seule, heureuse de cette riche journée, avec Anne qui était revenue et lui avait accordé la confiance de ses premières phrases, suivie de la pause détente, chaude et sensuelle, avec Véronique, qui avait réveillé ses sens. Elle hésita à l'appeler pour l'inviter à passer un instant ensemble, car sa petite famille devait être rentrée et ce n'était certainement pas une bonne idée.

Assise dans son salon, seule devant son téléviseur, elle vit sa table-bar et se pencha pour se préparer un verre, afin de diminuer la tension nerveuse qui la rongeait. Son angoisse persistante liée à la maladie d'Anne la submergeait comme à chaque nouvelle nuit, et s'y ajoutait le défi de son retour. Mais aussi son désir encore exacerbé et les attentes impossibles de Paul.

Au moment de verser le whisky dans son verre, il lui revint l'image d'elle-même allongée devant le canapé, ivre et sale, assortie de l'humiliation d'avoir été secourue par Anne, puis la colère de celle-ci qui s'en était suivie pour aboutir à sa crise de nerfs au cours de laquelle Anne l'avait littéralement passée à tabac.

— Bonsoir, Jérôme, c'est Lise. En forme ?

— Oui, merci. Vous n'êtes pas coutumière des appels tardifs. Que vous arrive-t-il ? Un souci Lise ? N'hésitez pas.

— En quelque sorte, j'ai une grosse crise d'angoisse. Effrayante. Accepteriez-vous que je demande son aide à Véronique malgré l'heure ? Elle saura me comprendre et m'aider. En l'absence d'Anne, elle est la seule, et j'ai confiance. Je suis navrée. Pardonnez-moi.

— Bonsoir, Lise, c'est Véronique, Jérôme m'explique que tu as besoin d'aide. J'arrive à l'instant.

— Mais attends, je n'ai …

— À nouveau Jérôme aux commandes, Lise. Ne vous inquiétez plus, elle accourt. Vous serez entre de bonnes mains d'ici quelques secondes.

— Elle ne m'a pas laissé le temps de lui expliquer ! Je ne voulais pas vous déranger. Enfin si, mais pas vous la soustraire.

— Vous êtes amies, vous faites appel à elle, elle accourt, c'est simple. À quoi bon toujours se justifier.

— Je suis confuse, Jérôme, je voulais m'assurer au préalable qu'elle avait le temps, si elle n'était pas trop fatiguée, si les enfants et vous-même aviez besoin d'elle. Tout ça ! Mais je n'ai eu le temps que pour un « attends ! ».

— Pas de souci, les petits sont au lit, les grands devant la télévision, moi aussi, et nous serons au lit juste après.

— Entendu, merci. Je vous laisse donc à eux, et encore …

— Véronique ne tarit jamais d'éloges à votre propos. Elle ne vous le révèlera pas, mais je pense que vous êtes sa première véritable amie. Et ma fille vous doit beaucoup, je le sais. Donc nous vous devons.

— Isabelle est adorable. Je pouvais, donc c'est normal. Encore désolée, Jérôme, et bonne nuit.

— Non Lise, ne raccrochez pas ! Véronique m'a demandé de maintenir la conversation tant que je n'aurai pas la certitude qu'elle est auprès de vous.

— Je vous assure que je l'attends.

— Le retour d'Anne vous fait plaisir, je l'imagine aisément. Mais il vous angoisse presque d'autant. Difficile à gérer, surtout en étant seule, n'est-ce pas ?

— Ah, vous savez ! Oui, effectivement elle sort prochainement. Mais pourquoi pensez-vous que cela pourrait me paniquer ?

— Je vous connais, Lise, et Véronique m'a parlé du contexte. En me projetant dans votre situation, je serais impatient de la retrouver et angoissé par mon inexpérience, par ce qu'elle attendra de moi et ce qu'il me faudra éviter absolument, par ma capacité à supporter, à me dépasser … !

— C'est précisément ce dont il s'agit. Merci, Jérôme, vos paroles me réconfortent. Vous ne sauriez imaginer ! Je culpabilisais énormément que son retour puisse m'angoisser, alors savoir que vous le seriez aussi … Ouf ! J'ai presque envie de pleurer tellement … Voilà !

— Elle sera près de vous dans quelques secondes. Lise, n'oubliez pas qu'il ne faut jamais hésiter à se confier, c'est mieux que tous les médicaments, ou que la drogue ou l'alcool. Être à l'écoute des autres est généreux, l'être de soi est essentiel. Toujours comprendre, parler, communiquer …

— Mais, mais … Comment savez-vous que …

— Chut ! Plus un mot, Lise, je vous subtiliserais une confidence. Soyez sans crainte, n'étant pas devin je ne sais rien, mais c'est simplement humain. Et vous l'êtes, assurément, un merveilleux spécimen au dire de mon épouse.

— Je …

— C'est moi, Jérôme. Je suis auprès de Lise, elle pleure toutes les larmes de son corps, je reste, à plus tard. Merci.

— Pas de souci, à tout à l'heure.

Lise était vautrée et décomposée sur son canapé alors que Véronique se tenait debout au milieu du salon et l'observait en cherchant à comprendre. Lise resta silencieuse et se contenta de lui désigner son verre et la bouteille d'un regard embué. Véronique rangea les préparatifs puis se tint face à elle :

— Tu n'en peux plus d'être seule, toi ! La solitude a le temps pour elle. C'est une ennemie terrible, car la lutte est inégale, elle reste aux aguets jour et nuit sans jamais se fatiguer. C'est comme les microbes, ils ne dorment jamais et attendent que tu faiblisses un instant. Viens dans mes bras, tu as eu raison de m'appeler.

Lise soupira et lâcha ses larmes en se levant. Elle n'avait plus la possibilité d'alimenter en énergie son apparence pour passer en mode séduction, mais elle avait confiance en Véronique et savait pouvoir être vraie. La tête calée contre la sienne, elle murmura :

— Excuse-moi, c'est égoïste ce que j'ai fait. Je t'ai prise à ta famille pour mon confort. Je suis moche, je présente bien de l'extérieur, mais je ne suis pas belle à l'intérieur, je suis laide, lâche et égocentrique.

— Non, tu es comme moi, à l'instar de tout le monde. Pour une raison ou une autre, peu importe laquelle, nous ne sommes pas faites pour rester seules. Problèmes, angoisses, peurs, déprimes, désirs, addictions, la liste des motifs est longue et partagée. À présent, je suis là et la solitude a perdu cette manche, c'est tout. En plus, je ne te la jouerai pas version faux-cul, je suis contente que tu aies pensé à moi alors que tu as besoin d'aide !

— Tu es gentille. Docteur, je vous explique. J'ai une crise d'angoisse, énorme. J'ai aussi une boule de désir dans le ventre, démesurée. J'ai une exigence addictive d'alcool, épuisante. J'ai une telle envie de me prendre une cuite que j'ai peur ! Les symptômes sont conséquents.

— La réponse à l'addiction est rangée et je repartirai avec. Pour le reste, l'ordonnance mentionne un gros câlin et un bon dodo si possible pas seule. Si tu respectes la prescription scrupuleusement, le rétablissement est certain. Toutefois, Madame la patiente, et par précaution, tu montes t'allonger pour que le docteur puisse t'examiner. Que penses-tu du pré diagnostique ?

— Qu'il est excellent. Véronique, ne pars pas déjà. S'il te plaît. Je suis mal. J'ai peur. De moi.

— Tu files te coucher, je téléphone à Jérôme et je te rejoins.

Quelques instants plus tard, l'épouse infirmière gravissait les marches avec les narines en alertes pour humer le moindre effluve tout en laissant ses doigts courir sur les murs comme pour compléter les informations que ses yeux lui délivraient sur l'endroit où elle se trouvait. Elle s'arrêta sur le seuil de porte alors que Lise se dévêtait :

— Entre. Tu as son accord pour rester encore un peu ?

— Autant que nécessaire, donc tu ne seras pas seule pour t'endormir.

— Tu es gentille, je suis vraiment mal, Véronique. Comment pourrais-je te remercier !

— C'est simple. Si tu ne me chasses pas, je resterai près de toi et réaliserai un fantasme inassouvi et obsessionnel, que tu connais. Je passerai une nuit complète dans ton lit, avec toi ! Ça en fait deux, c'est vrai.

CHAPITRE 5

Vêtue d'une robe noire presque stricte, Anne était assise sur le bord de son lit et fixait l'extérieur depuis sa fenêtre de chambre d'hôpital d'où elle voyait un ballet humain incessant se jouer dans le parking et le jardin de promenade. Des gens arrivaient avec une valise, un bouquet de fleurs ou des enfants, alors que des sortants, accompagnés d'une ou plusieurs personnes, marchaient parfois péniblement ou se laissaient pousser dans un fauteuil roulant. D'autres individus, seuls, les croisaient tous. Le manège était étonnant de densité et humainement déprimant. Elle avait peur, car son tour d'affronter la sortie était proche et la panique l'envahissait.

— Bonjour, Anne, je me demandais si vous aviez besoin d'aide pour vos préparatifs de retour ?

Elle était toujours assise face à la fenêtre, le dos bien droit, et s'exprimait d'une voix quasi monocorde assez grave, presque indifférente :

— Je pense avoir tout préparé, Véronique. J'attends.

— Ils ne devraient plus tarder. Comment vous sentez-vous ?

— Nous ne nous tutoyons pas auparavant ?

— Si, chez nous ! Mais ici ce n'est pas une bonne habitude, il faut préserver une distance, sinon les choses prennent des dimensions qui sont rarement profitables aux patients. C'est ainsi, pour tout le monde !

— Oui, j'imagine que c'est vrai. Comme pour le bassin, la sonde, la toilette … Car c'était bien toi, n'est-ce pas ?

— Tu te souviens ? Tu m'entendais te parler ?

— Oui, je ne savais pas qui était là, mais une femme prenait soin de moi. Elle m'a beaucoup rassurée alors que j'étais affreusement terrorisée. Personne ne pourra jamais savoir ce que j'ai enduré ni à quel point j'ai eu peur. Et mal. Pour le bassin, je n'ai en mémoire heureusement qu'une seule fois.

— Anne, si un jour tu te casses les deux bras, tu feras comment ?

— Ne me retire pas ma souffrance. Je me souviens aussi des caresses sur le visage prodigieusement bonnes, d'avoir été longuement brossée, du gant de toilette magique lorsque j'étais couverte de sueur ou que j'avais une crise, et de pleins d'autres détails qui n'en étaient pas. J'entendais souvent un médecin dire « Véronique faites ceci, puis cela ». C'était toujours toi qui t'occupais de moi ? Je voudrais savoir.

— Je suis la seule Véronique du service. Il y a eu toute une équipe, la nuit comme la journée. Mais avec Lise, nous avons beaucoup veillé sur toi et nous te parlions. Ça, c'est nous.

— Si tu savais ce que je me suis raccrochée à cette femme qui m'aidait tant. J'avais moins peur. Je te parlais beaucoup. Vraiment. Je te racontais tout, je te questionnais et je commentais ce que tu faisais.

— Je l'espérais.

— Véronique, je ne te remercierai jamais assez pour ton soutien et ton dévouement. Tu devançais mes problèmes et je le sais ! Mais, ces épreuves ont dû changer profondément l'image que tu avais de moi ! Je suis passée de la femme brillante et voyante, voire kitsch, à celle que tu as découverte. Même ma mère ne m'a jamais vue ainsi, et encore moins mon mari. Je suis embarrassée lorsque j'y songe.

— Tu vois le pourquoi du vous ?! Je sais tout ça. C'est mon travail et ma passion d'aider ceux en souffrance. J'ai vu ton corps souffrir puis revenir à la vie. Je l'ai aidé chaque jour à faire les pas nécessaires pour s'entretenir et guérir. C'est là ma vocation.

— Tu es une femme admirable, Véronique. Tu viendras me voir ? J'aimerais.

— Je n'ai pas imaginé qu'il puisse en être autrement.

— J'ai tellement peur, Véronique. Je suis terrifiée. Je voudrais ne pas quitter ma chambre. Ici, je suis bien.

— C'est normal. Tu as encore des difficultés à affronter, il ne faut ni les nier ni les éviter, et tu es sur la bonne voie.

— Véronique, tu es tenue à garder des secrets dans ton travail ?

— Oui, et même en dehors si tu me le demandes. Dis-moi.

— Tu pourrais ne pas raconter à Lise et Paul que mon corps s'est soulagé devant toi ? C'est idiot, mais que ce soit toi … Parfois je joue à la séductrice provocatrice, mais je suis pudique pour certaines choses, coincée sans doute. J'ai été choquée d'avoir à affronter cela, à moins que ce ne soit d'avoir eu besoin de l'assistance de quelqu'un et de le contraindre à s'abaisser à m'aider dans un tel moment.

— Tu vires obsessionnelle sur une fonction quotidienne et ordinaire. Dans un hôpital, tu ne dois pas garder tes repères de l'extérieur. C'est un monde à part. Le corps a besoin d'aide quand il arrive ici, dès lors, il n'a plus d'intimité, ni désir ni tabou. Il se livre à des gens qui sont là pour le prendre en charge, les autres considérations sont néfastes.

— Lorsque tu dis quotidien, tu veux dire que … moi aussi ?

— Bon ! Tu fais une fixette sur la question alors essayons de la régler. Tu es saine et ton corps a fonctionné normalement, comme à la maison. Tu te souviens visiblement d'un épisode sur lequel tu te focalises. Je ne peux pas deviner celui qui te préoccupe, mais je ne pense pas avoir commis de maladresse. Qu'ai-je pu faire ou dire ce jour-là qui a pu te choquer à ce point ?

— Rien ! Tu as été parfaite. C'est moi qui ne gère pas. Je me souviens avoir pleuré ! Je crois avoir recommencé, je te demandais de laisser le bassin, mais tu ne m'entendais pas !

— Tu l'as enfin sorti ! Un merveilleux jour, je m'en souviens ! Tu vois la différence de vécu ? Tu te remémores une humiliation, alors que je me rappelle avoir vu tes larmes et être heureuse, vraiment ! C'est pour moi le jour où j'ai eu la certitude que tu guérirais. C'était beau, j'avais l'impression de te donner la vie, je la voyais revenir et ce sont tes larmes qui m'ont indiqué que tu communiquais avec moi.

— C'est beau ce que tu dis. Ne me réponds surtout pas et laisse-moi te confier ce que j'ai besoin de te dire, cela me fera du bien. Je voudrais que tu m'excuses pour ces questions, pour mon embarras qui te semble peut-être ridicule, pour t'avoir contrainte à me faire ma toilette et pour ne pas pouvoir te rendre ce que tu m'as donné avec tant de dévotion. Continue à ne rien dire. Tu n'es pas une aide-soignante ou une infirmière lambda et tu ne le seras jamais. Je sais que tu comprends. Je ne pourrai pas te remercier à cette hauteur-là.

— Mais si, tu peux, en deux fois seulement.

— Ah bon ?

— Prends-moi dans tes bras, fais-moi un gros bisou et dis-moi que tu veux t'en sortir et que je n'ai pas fait tous ces efforts pour rien !

Anne l'observa avec un sourire soulagé, timide, mais sincère. Elle se leva, pleine de lenteurs, marcha au-devant de Véronique qui ne bougeait pas et la prit dans ses bras. Elle la serra si fort qu'elle lui fit presque mal.

— Merci, Véronique. Je suis décidée à m'en sortir. Je me battrai. Ton bisou, je te le fais où ?

— Je ferme les yeux, c'est mon cadeau, tu juges de ce que je mérite, tu me l'offres et tu pourras te sentir quitte pour la moitié.

Anne prit le visage de Véronique entre ses mains en le relevant, car elle était plus petite qu'elle, et lui déposa un gros bisou sur le front et un tendre sur la joue à la commissure des lèvres, exempt de connotation sexuelle :

— C'est dérisoire par rapport à ce que tu m'as offert. Le premier était pour la reconnaissance, le deuxième pour la tendresse que tu mérites, m'inspires et que tu m'as accordée si généreusement.

— C'est génial ! Si tu te sens capable de gérer la seconde et dernière requête, tu me dis, sinon, cela attendra, demain, le mois prochain, ou même dans plusieurs.

— Demande-moi, s'il te plaît.

— Il n'y a aucune obligation et je suis déjà super contente de te voir à nouveau debout. Mais si un jour tu t'en sentais capable, je voudrais être ton amie, pas juste ta voisine ! Dans tous les cas, si tu as besoin de moi, n'hésite pas, jamais, je serai là et tu sais qu'avec moi ta foutue pudeur n'a plus lieu d'être, c'est trop tard ! Cela peu t'aider dans des moments difficiles que tu devras affronter, n'oublie surtout pas.

— Ce n'est pas m'acquitter, Véronique, je me sens ton amie depuis que j'ai compris ta dévotion alors que j'étais absente et une charge. Je te le disais, mais … tu ne pouvais pas m'entendre. J'ai encore une petite faveur à te demander. J'aurais souhaité repartir avec l'un des gants de toilette dont tu t'es servie pour moi ! J'ai fait ce vœu lorsque j'étais ailleurs. J'y tiens.

— Pas de problème, j'ai ton linge dans la corbeille. Tu le préfères propre ou utilisé ?

— Tu l'as compris, usagé, s'il te plaît. Merci. Tu crois que c'est rationnel que j'aie peur de l'arrivée de Lise, davantage de celle de Paul et à en vomir de sortir ?

— Je ne suis pas médecin, mais je pense que ça l'est effectivement. Tu devras te battre sans cesse, la plupart du temps contre toi-même, mais parfois aussi pour régler des difficultés que tu ne voudras plus supporter. Il te sera compliqué de ne pas te tromper d'adversaire, car il te faudra en permanence identifier et différencier ce qui t'agresse et ceux qui veulent t'aider.

— Tu viendras me voir vite, Véronique. Sinon, je me sauverai et je reviendrai ici.

CHAPITRE 6

La porte de la chambre s'ouvrit sur un couple, qui n'en était pas un, à l'enjouement sincère, mais pourtant forcé. Lise et Paul hésitaient sur l'attitude, car impatients, mais sachant qu'ils devaient rester discret, à l'écoute et surtout n'être porteurs d'aucune contrainte. Paul prit la parole :

— Bonjour. Désolé pour les quelques minutes de retard, Véronique, mais le parking de la clinique est bondé. Anne, je suis ravi.

— Hello, vous deux. Il était temps, Anne s'impatientait. Le départ est un mélange de hâte et de craintes. Plus court il est, mieux il est vécu !

— Coucou. Je suis prête.

Anne se tourna vers son mari et son amie pour leur adresser un timide sourire. Elle parlait à voix presque basse, lentement, prudemment. En essayant de rester le plus naturel possible, Paul s'approcha en poussant un fauteuil roulant :

— Ne t'inquiète pas du parcours, nous avons prévu un moyen de transport. Les couloirs sont longs, leur parking grand et nous sommes comme il se doit presque au fond. Tu serais trop fatiguée pour une première sortie.

Elle y prit place avec une certaine indifférence, balaya sa chambre d'un regard qu'elle posa ensuite dans celui de Véronique, avec de grosses larmes implorantes sur les joues.

— Tout se passera au mieux, Anne. Je te rendrai une visite dès ce soir. Ne t'inquiète pas, je serai là.

Assise sur son fauteuil, elle tenta de parler, mais marmonna avec difficulté tant elle essayait de contenir ses pleurs :

— Tu me le promets, Véronique ? Tu ne me laisses pas tomber, j'ai ta parole ?

Lise, moins que Paul, fut émue de la souffrance qu'exprimait Anne à l'idée de son retour chez elle.

Véronique les accompagna dans le dédale des couloirs et ascenseurs avec une main apaisante posée sur l'épaule d'Anne, en silence. Elle aussi était tendue, avec quelques larmes dans les yeux. Anne fixait le sol qui défilait sous elle, en serrant si fort les accoudoirs que ses doigts étaient blancs. Refusant de voir ceux qu'ils croisaient, elle se concentra sur l'immobilité de ses pieds qui semblaient glisser sur les carreaux du sol, s'enchaînant dans une succession de figures géométriques. Les voix et les bruits faisaient une sorte de son unique et informe qu'elle bloquait au niveau des oreilles pour ne pas être atteinte.

Ils l'installèrent à l'arrière du véhicule de Paul où Lise prit place également, et cinq minutes plus tard, Anne dormait. Ils firent le reste du quart d'heure de trajet sans un mot. Paul se projetait déjà à l'étape suivante et imminente que serait l'arrivée au domicile. Le premier écueil les y attendait et il n'avait pas osé s'en entretenir avec le médecin. Il souhaitait plus que tout retrouver son épouse auprès de lui, mais ignorait ce qui serait le meilleur choix pour l'installer. Était-ce le lit conjugal ou celui de la chambre d'amis ? De leur maison ou de celle de Lise ? Devait-elle dormir seule ? Il ignorait la réponse et voyait l'échéance arriver inexorablement avec inquiétude.

— Nous y sommes, Anne. Si tu te sens fatiguée, et si tu le veux bien, Lise et moi t'aiderons à atteindre la maison.

— Déjà arrivés ! Il y a du monde ?

— Personne ! Afin de te permettre un retour dans la détente et le repos, nous n'avons pas organisé de réception. Nous envisagerons cela plus tard. Et avec ton accord.

— Dans la rue ? Il n'y a des gens, Lise ?

— Non, Anne, tu peux sortir tranquillement. Paul, tu vois quelqu'un ?

— Non. Comme je le disais, il n'y a pas âme qui vive ! Pourquoi ?

Anne s'extirpa du véhicule avec une certaine difficulté et cherchait impatiemment des yeux une chose qu'elle n'exprimait pas. Lise s'aperçut rapidement qu'un problème sérieux survenait :

— Anne, dis-moi vite ce qui te tracasse et comment t'aider.

— Le fauteuil, où est-il ? Il me le faut ! Je ne marcherai pas jusque-là haut. Je ne peux pas ! Cessez de vous occuper de moi ! Je ne veux pas ! Et laissez-moi tranquille ! Je ne voulais pas sortir. C'est votre faute ! Pourquoi vous m'embêtez ? J'étais bien sans vous.

Le reste fut incompréhensible, mais il leur sembla distinguer dans les cris qu'elle avait mal, qu'ils la rendraient folle ou la tueraient s'ils instituaient et qu'ils ne comprenaient rien. En maintenant Anne en retrait avec le bras tendu en arrière, Lise haussa le ton pour se faire entendre de Paul :

— Paul, peux-tu la porter seul jusqu'à la maison en sachant qu'elle se débattra, sans prendre le risque de la blesser ?

— Je n'en suis pas certain, nous risquerions de tomber.

— Je remonte à l'arrière avec elle et je ferme les portes. Tu files chercher Jérôme, nous t'attendons, avec une chaise. Ne t'inquiète pas, tu peux lui expliquer, il est au courant et sait comment réagir.

Lise repoussa énergiquement Anne dans le véhicule et s'installa auprès d'elle, sans rien ajouter ni la toucher. Apaisée par le silence moelleux et rassurant de l'habitacle qui constituait un vase clos restreint, elle cessa de crier et de s'agiter. En portant son regard sur l'extérieur, Lise commenta sur le ton de la neutralité.

— Nous sommes confrontées à un moment difficile pour toi, Anne. Heureusement, il sera bref, ce qui nous permettra de le gérer. Alors, écoute-moi attentivement. Tu sais pouvoir me faire confiance. Nous en aurons pour une minute, deux au plus. Durant ce laps de temps, je voudrais que tu fermes les yeux, que tu serres les accoudoirs, que tu te concentres sur ta respiration et que tu te taises. Ensuite, je t'installerai au calme. C'est ce dont tu as besoin. Tu n'ouvriras un œil que lorsque je te le dirai. Et rassure-toi, personne ne viendra te voir et tu pourras être seule sans avoir à l'exprimer.

Elle avait déroulé le scénario en gardant la tête tournée, mais en écoutant la respiration d'Anne. Isolée et proche de son amie de toujours, Anne reprenait le contrôle de ses émotions.

— Je veux être seule, mais ne me laisse pas. Tu le dis à Paul.

— Tu es donc d'accord avec mon plan ? Donne-moi ta parole de ne rouvrir les yeux que lorsque je te le dirai. Je peux t'aider, Anne !

— Je te le promets. J'ai besoin d'aide, Lise, je suis terrifiée.

— Essaie de respirer où tu finiras par te provoquer un malaise.

Lise sortit de la voiture et demanda aux deux hommes de s'écarter pour ne pas qu'elle les voie en descendant du véhicule, et surtout de ne pas dire un mot quoiqu'il arrive, puis elle ouvrit à Anne :

— Tu fermes les yeux comme promis. À présent, tu t'extrais doucement afin de te lever, dans le noir, et je te guiderai pour que tu t'assoies sur la chaise que nous porterons, avec toi dessus ! Voilà, je te tire, suis mes mains, tu y es. Maintenant, tu ne bouges plus, tu ne dis rien et tu nous laisses agir. Yeux fermés, j'ai ta parole. Tente de sourire en pensant que c'est amusant.

Elle fit signe à Jérôme et Paul, qui prirent chacun deux pieds de la chaise en main, et ils la portèrent avec précaution et en silence jusqu'au salon de la maison du couple. Pendant le trajet, Anne resta muette et immobile, mais extrêmement crispée et en respirant difficilement, par saccades bruyantes. Cela fait, sans un mot pour ne pas être perçu, Jérôme donna une poignée de main à Paul en lui posant l'autre sur l'avant-bras pour lui signifier son soutien, fit une bise à Lise accompagnée d'un petit sourire amical et se retira.

— Anne, lorsque tu le voudras, tu pourras ouvrir les yeux. Mission accomplie. Félicitations. Paul et moi préparons un repas, car il est déjà tard. Je pose la télécommande de la télévision sur tes genoux. Tu appelles sans hésiter. J'ai besoin de ton aide en cuisine, Paul, suis-moi.

Ils s'éloignèrent et Lise vit que Paul était blême :

— Paul, c'est dur, mais respire ou tu nous feras un malaise aussi ! Je te sers un verre.

— Tu as vu la crise d'hystérie ? Juste pour … rien !

— Tu te plantes. Ce n'est anodin que pour nous, pour elle c'était terrible, une frayeur ou une douleur si insupportable qu'elle a craqué. C'est ainsi pour elle, car pour le moment, même si elle est revenue de l'autre monde, elle n'est pas encore totalement prête à affronter le nôtre, le sien. Tu comprends ?

— Pas vraiment, mais si tu le dis, je te crois, tu t'en sors bien mieux que moi. Je serais planté dans la rue avec elle, hurlante !

— Tu peux me faire confiance. Elle devra réapprendre à vivre avec nous, puis avec les autres, et ensuite à affronter l'extérieur. Son challenge sera de refaire le parcours de la naissance à aujourd'hui en quelques semaines. Elle vivra et bravera des moments terrifiants, et tu ne peux pas empêcher cela, car c'est le chemin de son retour. Tu pourras toutefois être présent, la soutenir, l'accompagner et l'aider à se relever. Elle en aura besoin.

— Heureusement que tu es là, Lise, je suis perdu !

« Je suis bien finalement ! J'avais une peur atroce de revoir ma maison, mais je m'y plais. Elle est jolie, c'est calme et l'ambiance me correspond ! Il faut que je me couche dans peu de temps, car je suis épuisée. Seulement, je vois un problème arriver. Quel lit choisir ! En plus, ils voudront dormir avec moi ! Je dis oui à Paul ? Ou à Lise ? Ou aux deux ? Je me reposerais mieux seule, mais ils seront vexés si je ne veux pas d'eux. Et dois-je prendre mon lit, de Paul et moi, ou celui de la chambre d'ami, de Lise et moi, ou alors dans sa maison ! C'est trop compliqué, cela me donne une espèce de tournis. C'est complètement nul cette peur, je devrais me dire que j'ai une chance inouïe d'avoir ces choix, surtout avec eux. Paul est bel homme et Lise est hyper sexy. Je crois que je les aime autant l'un que l'autre. Et ma chambre, celle d'avec Paul, seule ou pas, c'est quand même la classe ! Houlà, je crains ce que je ressens, ça y est, je pars. Les tremblements sont là, je vibre, je panique, j'angoisse, la douleur arrive, je le sens, j'ai peur ! Je ne veux plus souffrir. À l'aide ! Au secours ! Hummhummhumm »

— Humm huuum ! Viiiii … te !

— Paul, il y a un problème, je m'en occupe, reste en arrière, mais tiens-toi prêt, au cas où.

Paul suivi Lise et se mit légèrement en retrait de sorte de ne pas être vu par son épouse, ce qui lui faisait énormément de peine, mais Lise savait visiblement réagir au contraire de lui. Anne était toujours sur sa chaise, mais était agitée par de forts tremblements. Ses mâchoires crispées faisaient saillir les muscles de son visage.

— Je suis là, Anne, ne panique pas. Je m'assois à côté de toi pour mettre mes mains devant ta bouche. C'est pour capturer ton air. Souffle avec force dedans, puis inspire. Parfait. Maintenant, fais le masque à ma place. Ne cherche pas à me parler, laisse le calme revenir. Respire doucement, la crise ne gagnera pas.

Elle lui passa le bout des doigts sur le front, ce qui l'apaisa, alluma la télévision avec le son au minimum et fit mine de s'intéresser aux images. Anne tourna lentement la tête et vit Lise, toute proche, plongée dans un clip musical en lui tenant la main. Elle sembla faire un effort surhumain pour soupirer profondément à trois reprises. Toujours sans la regarder, Lise lui demanda de renouveler.

— Tu apprends déjà à maîtriser les crises, c'est remarquable, Anne, tu es forte. J'ai deux questions à te poser et tu me serres la main pour me dire oui. Pour me raconter ce qui t'a angoissée, je voudrais savoir si tu préfères répondre à des suppositions ou m'expliquer à ton rythme. Souhaites-tu me confier ton tracas ?

Anne se dégagea d'un mouvement de poignet, presque brusque.

— OK, tu ne peux pas. Pourrais-tu alors répondre à quelques questions ?

Elle lui serra la main. Lise regarda Paul, bascula son pouce à sa bouche pour symboliser l'action de boire et lui demander un verre d'eau. Il se rendit en silence à la cuisine, puis le déposa entre les doigts de son épouse.

— Essaie de me répondre au moins par oui ou non, d'accord ? Tu t'étais endormie ?

— Non.

— Tu as eu une douleur physique ?

— Non. Oui.

— La souffrance est venue à cause de tes pensées. Une angoisse.

— Oui.

— Le plus difficile est dit, Anne. Tu peux me résumer le problème, mais si cela te panique, lâche-moi au moins un mot clé. Lorsque j'aurai trouvé, tu me diras simplement, « c'est ça ».

— Je veux me coucher. Lise, ça recommence. J'ai peur.

Anne se mit à pleurer telle une enfant, sans retenue, ouvrant ses bras en guise d'appel à Lise, qui réagit promptement en l'enserrant tendrement, et en lui faisant poser la tête sur son ventre. Elle la berça en lui caressant les cheveux. Lise regardait Paul en ayant pris soin qu'elle ne puisse voir rien d'autre que la télévision. Il pleurait doucement, de son impuissance, de la souffrance de son épouse qu'il partageait, et ému par la gentillesse et la sensibilité de Lise. Il se contenta de hausser les épaules en écartant légèrement les bras pour lui manifester son inutilité. En retour, et ne pouvant faire plus, elle lui adressa un sourire de réconfort et de compréhension.

— Ne t'inquiète pas, je discerne la problématique. Tu me laisses gérer pour toi, en confiance, et tu pourras te reposer avec l'esprit en paix. C'est ce qui importe.

— Oui, s'il te plaît.

— Bon, donc en pensant à te coucher, tu t'es forcément demandé dans quelle chambre !

— Mais oui !

— Et tout aussi logiquement avec qui !

— Oui, c'est ça.

— Chut, calme-toi, tu recommences déjà à trembler. Je m'en occupe. Je décide et je t'explique, pour que tu saches et ne paniques pas, pas pour que tu commentes. Je monte préparer ton lit et je reviens te chercher dans quelques minutes. En attendant, tu regardes la télévision. Est-ce que cela te convient ?

— Oui, c'est ça !

Lise se retira et fit signe à Paul de la suivre. Ils montèrent dans les chambres et Lise prit la précaution de fermer la porte derrière elle, celle du couple, avant de discuter :

— Lise, je ne suis pas à la hauteur, je suis perdu ! Je ne reconnais plus ma femme. Je ne ressens plus ce qu'elle pense. Je ne comprends pas ses réactions. Je ne sais plus m'occuper d'elle ! J'ai peur de l'instant présent et je ne vois pas demain. J'ai l'impression de ne plus avoir ma place auprès d'elle. C'est terrible et j'ai mal. Et honte.

— Paul, prends du recul. Il s'agit d'une convalescente et de ta femme. Elle a besoin d'aide, car sa guérison sera une rude épreuve. Pour elle comme pour toi. Pour l'instant, réglons la question qui a provoqué sa crise. Pour dormir, il faut savoir où. Un choix en quatre étapes : la maison, la chambre, le lit, avec qui !

— Puisque nous ne devons pas la brusquer, c'est à elle de décider !

— Certes. C'est justement en essayant que le début de crise est arrivé, car ce n'en était pas une, Paul, mais juste une alerte, une vraie, encore gérable, comme à la sortie de voiture.

— Mon Dieu ! Pour s'allonger !

— Nous devons la prendre en charge et la mettre au lit. C'est là son besoin.

— Entendu. Et alors, que lui disons-nous ?

— Paul ! Où la couchons-nous ! Maison, chambre, seule ou avec qui ? Quel est ton avis ?

— J'avais compris, je ne suis pas obtus. Ce que je n'ai pas, c'est la réponse. Je n'en sais rien, elle est si … étrange !

— Super ! Souhaites-tu dormir avec elle, es-tu prêt ?

— Mais oui que je le veux, elle me manque terriblement. Mais je ne saurais plus, c'est idiot ! Je suis incapable de gérer une situation comme tu le fais en ce moment, Lise, je t'assure. Je ne me dégonfle pas, c'est juste que je n'y comprends rien. Je pense le contraire de ce qui est nécessaire. Nous pourrions dormir tous les trois, elle ne serait pas seule, et tu veillerais ! Je suis désolé, Lise. Je me sens … nul !

— Je ne crois pas que cela soit propice au sommeil réparateur dont elle a besoin, ni la meilleure des options. Nous devons lui éviter d'avoir à faire des choix, y compris entre nous deux. Et tu es son mari. Elle doit retrouver une stabilité, c'est important.

— Forcément ! Je l'ai dit, je me trompe systématiquement. Lise, gère.

— Tu fais glisser sur moi une lourde responsabilité, Paul. Je ne suis pas médecin et je peux commettre une ou des erreurs.

— Pardonne-moi, Lise, mais je ne le sais que trop. Si tu te trompes, dis-toi que je me serais planté dix fois plus. Je ne t'en voudrai jamais. Mais dis-toi aussi que sans ton aide, les jeux sont faits. Je ne pourrai pas gérer, car j'en suis incapable. Alors pour la protéger, je demanderai une place dans une clinique adaptée dès demain matin. J'ai honte. Je ne suis pas lâche, mais réaliste, car je connais mes compétences et limites, et j'ai peur pour elle. Alors aide-nous, s'il te plaît. J'ai confiance en toi, comme elle en toi.

— Tu sais quoi, la vie est parfois trop nulle ! Le ménage est une entité, donc une unité. Je suis faite pour me marier avec la vôtre et nous serions un couple parfait, de trois vu de l'extérieur, certes. Je vous aime. Ce n'était pas le moment pour une telle déclaration, mais … j'avais cette nécessité.

— Je t'aime aussi, Lise. Tant pis, je l'ai dit. J'ai besoin de ton aide.

— Bon. As-tu remarqué qu'elle n'attache aucune importance quant avec qui dormir ? Son seul souhait est de ne pas choisir !

— J'avais saisi, mais pas analysé, c'est curieux qu'elle bloque pour ça.

— Pas pour elle. Anne a confiance en nous et ne veut pas s'encombrer l'esprit. Paul, je me demande si nous ne touchons pas là un des éléments déclencheurs de son état. C'est moi qui suis venue semer le doute dans ses certitudes en voulant intégrer votre couple. Je suis coupable ! C'est horrible.

— Houlà, doucement ! Si tu démarres en empruntant cette piste, nous courons au-devant de la catastrophe, pas des solutions. Pour mémoire, c'est moi qui dans un premier temps ai brisé votre couple, je l'ai toujours su, Lise. Ensuite, c'est moi qui ai trompé mon épouse et c'est Anne qui avait proposé le trio. Toi, tu m'as démontré qu'elle a besoin de nous, donc de toi et moi. En l'occurrence, trouver un coupable ne fera pas progresser, la quête d'une solution, si. Ce type d'analyse est mon domaine de compétence et là, je sais avoir raison. Alors ne glisse pas dans la facilité de la recherche d'un responsable au lieu de piloter le travail qui la sauvera.

— OK, désolée. Je suis certaine qu'elle doit dormir chez elle et dans son lit. Nous devrions l'y laisser seule comme à l'hôpital. C'est la première étape avec un seul changement, celui de changer d'environnement de sommeil. Ensuite viendra la reprise du contact physique. Mais les deux en même temps … je doute. Non, je n'y crois pas. Ton avis ?

— Je suis d'accord. Donc elle dort dans notre lit et je prends la chambre d'ami avec toi.

— Mais non ! Moi, je m'en retourne dans ma maison. Tu serais l'amant et moi la compagne, nous ferions l'inverse. Tu me sonneras s'il y a un pépin. Désolée, Paul.

Ils sursautèrent en entendant le carillon de la porte d'entrée et descendirent précipitamment pour éviter qu'Anne ne soit davantage dérangée. Paul ouvrit dans l'élan et se trouva face à Véronique :

— Bonsoir, j'ai promis à Anne de passer la voir, je suis là. Comment réagit-elle ?

— Véronique ! La femme qui tombe à pic. Entre, je t'en prie. À priori pas trop mal. Lise est là et nous organisions le couchage, elle veut se reposer.

Avant de la conduire à Anne, Lise lui fit un résumé de l'arrivée difficile et du début de crise au sujet du coucher. Ils entrèrent au salon où Anne était toujours sur sa chaise et semblait regarder la télévision. Lise prit Paul par la main et ils se mirent discrètement en retrait pour qu'elle ne les voie pas.

— Bonsoir, Anne, je suis là comme promis. Comment se passe ton retour au domicile ?

— Oh, Véronique ! Que je suis contente, merci. C'est difficile. J'ai des peurs paniques pour un rien. Je suis bien dans ma maison, mais en même temps, j'y suis perdue. Tu pourrais rester manger avec moi ?

— Je ne peux pas ce soir, Anne, j'ai quatre enfants qui attendent leur maman, tu comprends qu'eux sont trop jeunes pour appréhender certains problèmes ?

— Oui, bien sûr. Tu essaies demain midi ?

— Je termine à onze heures quarante-cinq … entendu ! Je prendrai le temps de rentrer de l'hôpital pour toi, mais en version coup de vent. J'ai un travail exigeant !

— C'est super ! Je voulais me coucher, car je suis déjà fatiguée, mais la situation m'a violemment paniquée. J'ai eu un début de crise, après en avoir fait une en sortant de la voiture. C'est dur, Véronique.

— Je sais, Anne. Considère que c'est ta cicatrisation. Pour dormir, je crois savoir que c'est arrangé.

— Tant mieux. Ils savent quoi me donner pour les médicaments ?

— Oui, le médecin leur a tout remis avant ta sortie. Mais je validerai avec eux pour qu'il n'y ait aucun souci.

— Merci, pour ton soutien et de prendre le temps de passer me voir, c'est gentil.

Paul et Lise n'en revenaient pas d'entendre Anne parler presque normalement avec Véronique. Ils se tenaient par la main et se la serraient mutuellement pour partager leur émotion. Lise avait l'autre devant sa bouche, comme pour s'assurer qu'aucun son ne s'en échapperait en trahissant sa souffrance. Paul pleurait doucement.

— Je vois pour ton lit et je reviens te chercher. Tu m'attends.

— Dépêche-toi, je suis réellement fatiguée.

Véronique se dirigea vers l'entrée de la maison en faisant signe au couple de la suivre en silence. Une fois suffisamment à l'écart, elle les regarda et comprit à leur abattement et à leurs yeux rougis ce qu'ils éprouvaient :

— Nous la couchons et ensuite nous parlons, d'accord ?

— Oui, bien sûr. Son lit est prêt à l'étage, elle dormira dans notre chambre, seule, Lise et moi avons pensé que cela serait mieux pour le retour.

— Je l'accompagnerai, si vous l'acceptez. Vous lui direz un bonsoir rapide. Rien de plus.

Ce qu'ils firent en lui déposant un bisou sur la joue, chacun son tour, et ils laissèrent Véronique prendre le relais.

— Tout est prêt, Anne, tu me suis, nous montons dans ta chambre.

— Il était temps, je suis épuisée.

Elles montèrent et Anne se glissa sous la couette sans la moindre hésitation et avec un plaisir voluptueux. Véronique s'assit sur le bord du lit et la prit par la main :

— Je devine le gros dodo que tu te prépares à dévorer. Profite, Anne, la sortie est une aventure épuisante. Alors dort un maximum, sans gêne, jusqu'à épuisement.

— Merci. Bonne nuit.

— J'ai une question à deux euros avant que tu ne t'envoles. Tu es passée par les toilettes depuis ton arrivée ? Sois honnête.

— C'est que … non ! J'ai oublié.

— Eh oui, attention ! Vilaine fille, file sur le pot ! Je ne suis pas trop pressée, je ne bouge pas, donc tu prends le temps d'évacuer. Tu m'appelles si tu as un souci, d'accord ?

— Promis. Merci, Véronique.

Anne se leva presque facilement et se dirigea aux toilettes situées dans la salle de bain privative de la chambre, sans voir que par la porte entrebâillée et dans le noir, Lise et Paul observaient et écoutaient. Quelques minutes plus tard, Anne était de retour. Véronique retourna les draps et lui dit de se coucher, ce qu'elle fit en se mettant tout de suite en position fœtale.

— Il ne fait pas froid, mais je te couvre pour que tu te sentes bien. Tu as pu faire normalement, pas de souci ?

— J'avais une sacrée envie ! Heureusement que tu étais là.

— Une seule ?

— Mais non, c'est bon ! Pipi popo, tout fonctionne et c'est parti.

— Alors c'est bien. Demain à midi, prends le temps nécessaire pour te lever. Tu te doucheras pendant que je préparerai le repas. Anne, écoute-moi avec attention encore un instant et je te laisse tranquille.

— Tu ne me déranges pas, je suis en paix et protégée lorsque tu es là.

— Ton oubli est révélateur d'une partie du travail que tu dois accomplir. Tu n'as pas su écouter ton organisme et tu t'apprêtais à le faire souffrir inutilement pendant plusieurs heures. Ce mode de vie est révolu, Anne. À présent, tu reprends ta vie en main, juste pour toi, en apprenant à considérer ton corps comme étant une partie de toi, pas un outil à ta disposition. Tu ne peux plus lui raconter que tu ne le nourris que pour préserver ton image, que tu ne dors pas parce que tu n'as pas le temps, que tu lui fais subir des stress, car tu n'as pas le choix, etc. Le moment est venu pour toi d'apprendre à l'écouter. Il est toi, Anne ! Sans lui, tu n'es rien. Ton corps te parle en continu, il t'envoie des tas de signaux pour t'informer de ce qui ne lui convient pas, pour t'alerter et demander de l'aide … Et ta tête en est une partie. À présent, c'est place au sommeil, mais essaie de repenser à mes élucubrations, nous en reparlerons.

— D'accord. J'ai écouté, c'est intéressant. Merci d'être venue, Véronique, excuse-moi, je m'endors déjà. Bonne nuit.

— Dors tranquille. Les soucis s'éloignent et tu es protégée. Ils sont là et je suis ta voisine !

Elle quitta la chambre en éteignant la lumière et en laissant la porte entrebâillée.

— J'allume le palier et je laisse entrouvert pour que tu ne sois pas dans le noir complet. Tu pourras appeler facilement.

— Merci.

Elle fit signe aux deux observateurs de descendre avec elle en silence et ils s'installèrent dans le salon. Elle les observa, ils avaient le même air bouleversé et déconfit :

— Le contraste de comportement est énorme, vous ne comprenez pas et vous en souffrez.

— Lise a déjà droit à beaucoup plus que moi, mais alors là, pour le coup, c'est sans commune mesure, déconcertant, déprimant, humiliant. Je suis qui pour elle ? J'en ai pleuré !

— Paul à raison, c'est … je ne sais plus ! Avec nous, c'est quelques mots dans la douleur, avec toi c'est un dialogue cohérent, dans la communion, la confession et la simplicité. C'est si violent que je n'ai même pas de larmes.

— Cela vous paraît injuste, mais sachez que c'est normal et sain. Vous êtes ses proches, alors avec vous, elle n'a aucune réserve ni protection, elle est à nu. Sa sensibilité et sa fragilité sont donc maximales, car elle doit en plus gérer ce que vous pensez d'elle. Vous savez à quel point elle vous aime et elle tient à votre amour. L'image qu'elle vous délivre d'elle-même est donc vitale à ses yeux et, en l'occurrence, la fait souffrir. L'hôpital représente la prise en charge, la pudeur n'y a pas de place et l'apparence à gérer non plus. Pas de string à trois euros ou à deux cents, tout le monde est en chemise et peu ou prou le cul à l'air, pas de statut social à tenir, pas de séduction à entretenir. Dans la chambre, il y a juste un corps malade qui souffre et demande de l'aide. Elle peut être le seul centre d'intérêt d'elle-même et n'avoir aucun scrupule. C'est étrange ? Non, mais vital, oui. Elle peut pleurer telle une enfant, vomir, faire pipi au lit, avoir peur, appeler au secours, parler de ce que personne à l'extérieur ne sait, confier avoir commis un ou plusieurs excès, inavouables ailleurs … donc, c'est aussi sa conscience qui est prise en charge. C'est nécessaire, car le mental fait partie intégrante d'une guérison.

— Étonnant. Mais je comprends.

— Le monde extérieur n'existe plus et il ne connaît plus rien d'elle. C'est comme si d'un coup, il y avait un libre accès directement au corps et à l'âme sans passer par la personne. Vous comprenez ? J'insiste lourdement, et c'est volontaire, car il est important que vous assimiliez pour accepter cette différence. Moi, Véronique, je représente cela, je suis l'hôpital. Je perdrais ce statut au fil de son rétablissement, mais pour l'instant il lui est précieux. Alors même si c'est douloureux pour vous, c'est tant mieux.

— Merci d'avoir trouvé les mots, Véronique. Je t'avoue que j'étais choquée. Je saisis ce qui tu as expliqué et je ne suis plus déstabilisée. Et toi, Paul ?

— Oui, ça me console positivement. Toutefois, je suis conforté dans l'idée et le constat que je ne parviendrai pas à assumer ! C'est à présent une grande évidence, je ne peux pas l'aider.

— Paul, tu as Lise, je suis là et … vous avez, désolée. À force de partager … voilà !

— Merci, Véronique, j'ai besoin de ton amitié.

— Tu as aussi Jérôme, qui sous ses airs de gros ours est à l'aise dans des situations comme celle-là.

— J'atteste. L'autre jour, ton mari a été admirable au téléphone. En quelques phrases, il m'a permis d'exprimer ma douleur par rapport à la maladie d'Anne et je dois reconnaître qu'après coup, il m'a sidérée.

— Je te le dis, il fait l'ours, mais en réalité c'est une éponge à sensibilité. Il a une capacité à ressentir l'autre qui est inouïe. Il me faut vous laisser. Restez présents et n'hésitez pas à me téléphoner. Lise, tu sais que je peux être là en une minute.

— J'ai validé par la pratique, Véronique, tu es admirable. Merci.

Leur amie partie, ils se trouvèrent seuls au salon avec Anne endormie à l'étage. Paul prit Lise dans ses bras et la serra contre lui quelques instants.

— Nous grignotons ensemble ce soir encore, Lise ? Ici ?

— Tu mets le couvert. Je peux manger à nouveau ici, je prépare !

Tout en s'affairant aux préparatifs, Paul et Lise échangeaient des regards, cherchant le réconfort dans les yeux de l'autre.

— Tu es sûr que tu ne devrais pas dormir ici cette nuit, Lise ?

— Je ne suis sûr de rien, mais je pense être plus à ma place dans ma maison que dans la vôtre. Ne me rends pas la tâche plus compliquée.

— Tu l'as compris, j'ai peur !

— Paul, laisser Anne seule, désolée, sans moi dans un tel moment me remonte à la gorge le jour où tu me l'as prise.

— Ah ! Demain, tu pourrais être là partir de et jusqu'à quand ?

— Je peux arriver dés quatorze heures et rester tard dans la nuit.

— Donc, je fais la matinée, Véronique revient pour le repas, je file, tu rentres, elle repart. Tu sais, Lise, lorsque j'y pense froidement, je te demande tes horaires de présences comme si c'était normal ! Tu n'en as pas marre de nous ?

— Paul, j'ignore comment répondre au mari d'Anne, mais … c'est pareil que si je te demandais d'accepter de t'occuper d'Anne demain ! Elle est ma … ma … je crains que notre discussion ne devienne délicate à tendance orageuse, et ce n'est pas le moment. Tu ne crois pas ?

— Non, car je le sais et moi, j'ose mettre les mots sur notre situation particulière. Ma femme est aussi la tienne ! C'est spécial, mais mon épouse est ta compagne. Voilà ! Nous n'allons quand même pas faire semblant de ne pas savoir ! C'est fait, je l'ai dit pour toi.

— C'est sans doute singulier, mais merci. Où en êtes-vous pour le bébé tous les deux ?

— Ça ne fonctionne pas. Et puisque pour toi cela a échoué aussi, il est donc évident que je suis à l'origine du problème. Mais je m'en soucie et dans un mois j'espère redevenir apte.

— Je te le demande en sachant pertinemment que c'est déplacé dans les circonstances d'aujourd'hui, mais cela me ronge.

— Mais non, pas entre nous, quel est le souci ?

— Comment évoquer ce sujet avec un minimum d'amour propre ! Paul, vous aviez pour moi eu un geste magique, et je me demande souvent si … je suis toujours prévue dans le planning de distribution des bébêtes à bébés !

Lise essayait de rester impavide, mais elle était suspendue à la réponse et semblait brusquement d'une grande fragilité.

— En tous les cas, avant la maladie d'Anne et malgré l'échec de la tentative, nous avons toujours cette volonté si cela fait encore partie de tes désirs. Anne souhaite aussi que vous partagiez la grossesse.

— Je préfère attendre le rétablissement complet d'Anne, mais oui, je le veux. Que fais-tu pour ça ? C'est ton sperme qui n'est pas bon ?

— À priori oui. J'ai consulté un spécialiste qui m'a fait quelques recommandations pour débuter, et je les suis consciencieusement. Ces derniers temps, je fais de mon mieux.

— C'est humiliant comme truc à faire ou tu peux me raconter ?

— En rien embarrassant. J'essaie de manger bio, j'ai supprimé les graisses et le sucre, je ne bois quasiment plus une goutte d'alcool, j'évite les fumeurs, j'ai rangé mon vtt. Comme je conduis beaucoup, je prends des précautions, je porte du coton et rien qui serre la petite usine. Je préviens le stress bien qu'en ce moment cela soit compliqué, je fais des marches au grand air, nous avons supprimé certains produits ménagers pour ne garder que du simple et sain, et je grignote des graines de courges, des pois chiches, du ginseng, des noix classiques et de kola, des arachides, du miel, de la gelée royale, des huîtres, des abats et du cacao. Avec tout ça, je devrais augmenter la quantité et la qualité de ma production, et donc les chances de fertilité.

— Et tu penses que ce programme digne d'un champion ou d'un gourou bo-bio peut jouer sur la fécondité ?

— Il m'a expliqué et j'y crois beaucoup.

— C'est curieux.

— Pas tant que ça, j'y vois une logique.

CHAPITRE 7

Paul s'était levé de bonne heure pour être prêt à toute éventualité quant au réveil de son épouse. Le plateau déjeuné était garni depuis les premières minutes de la matinée et l'eau était maintenue chaude de sorte que le thé soit disponible quasi immédiatement. Déjà vêtu pour son départ au travail, comme à l'accoutumée avec un pantalon noir et une chemise blanche, il commençait à s'impatienter, car il n'avait toujours pas vu Anne alors que la matinée se finissait lentement. Lorsqu'il entendit vers onze heures trente le bruit de la chasse d'eau à l'étage, il monta d'un pas décidé avec le plateau déjeuné. Toutefois, devant la porte de chambre, il eut une hésitation sur la façon de gérer son entrée. Il inspira profondément pour se détendre et fit le choix de l'interpeler d'une voix aussi douce que possible :

— C'est Paul, puis-je entrer ?
— Oui.

« J'ai parfois l'impression de lui faire peur ! Il faudrait que je lui explique qu'il n'est pas la cause de ce qui m'arrive, cela pourrait sans doute l'aider. Mais cela implique de lui parler de ma maladie et cela ne m'est pas possible. »

— Bonjour, Anne, je t'ai préparé le petit déjeuner. As-tu bien dormi ?

Elle était recouchée, mais se redressa et s'adossa pour prendre le plateau, vêtue d'un marcel blanc, les cheveux à peine en désordre. Elle restait belle et féminine.

— Bonjour, j'ai faim, merci, Paul.
— Je remonte le volet pour que tu aies la lumière du jour, il fait beau. Si jamais j'ai oublié quelque chose à ton menu, n'hésite pas.

Elle prit une tartine de pain de mie toastée et la mangea lentement.

— Anne, tu dois prendre ce qui est dans le semainier, c'est ton traitement, Véronique m'a recommandé de veiller à ce que tu le suives avec sérieux.

— D'accord.

« Tu crois que je ne me rends pas compte que tu cites Véronique en songeant que je ne protesterai pas si cela vient d'elle ? Je ne suis pas folle, je suis malade. »

— Tu voudras que je t'aide à te préparer pour descendre ?

« Mais pourquoi te sens-tu obligé de me dire ce que je dois faire ! Laisse-moi tranquille. En plus cette façon détournée de me le dire sans en avoir l'air est insultante. Je ne suis pas folle, je suis malade. Sors de la chambre. »

— Non. Je reste au lit le temps de me réveiller en douceur.

« Hummhumm, il m'agresse et j'ai besoin de hurler ! Je sens que je perds le contrôle. Je commence à trembler de l'intérieur. Laisse-moi tranquille, Paul. Je ne tiendrai pas longtemps. »

— Tu es belle. Je descends. Tu peux m'appeler quand tu veux.

« Ouf, je n'ai pas craqué. J'ai résisté, mais je tremble déjà beaucoup. Il pense que je suis devenue débile. En plus, il a ouvert mon volet pour me faire comprendre que j'avais assez dormi et il veut que je descende. Je suis fatiguée, il ne le comprend pas ou ne l'accepte pas. Si je descends, il me regardera, me parlera sans arrêt et me posera des questions. Et si quelqu'un vient, il me demandera immanquablement comment je me porte et me regardera sous le nez pour savoir s'il y a quelque chose à voir. Je ne peux pas descendre tout de suite, il devrait le comprendre. JE SUIS MALADE ! »

— Tu parviendras à descendre seule, ma chérie ?

Paul parlait avec une certaine force depuis le rez-de-chaussée, toutefois Anne ne répondit pas, bien qu'elle l'entendît parfaitement.

« NON ! Tu m'énerves, Paul, je ne peux pas descendre parce que je ne veux pas. Je n'en suis pas capable. Je veux rester seule et que personne ne me parle ni ne me regarde. Laisse-moi tranquille, FOUS-MOI LA PAIX ! »

N'entendant pas de réponse, il hésita à hausser la voix à nouveau, pensant qu'elle pouvait s'être de nouveau endormie et se rendit auprès de son épouse pour voir ce qu'il en était, car elle avait peut-être simplement besoin d'aide. Il passa doucement la tête par la porte entrouverte et la vit allongée sur le côté, endormie. Il l'observa un moment, puis, rassuré, s'en retourna.

« Ouf, il est parti ! Je ne suis pas méchante ni feignante, je veux juste me reposer. J'ai une fatigue immense en moi. Personne ne semble pouvoir comprendre cela. Ce n'est pourtant pas compliqué à assimiler. »

Quelqu'un frappa discrètement à la porte d'entrée. Il s'interrogea brièvement, car convaincu au vu de l'heure que Véronique était là et que son bon sens lui avait dicté de ne pas sonner.

— Coucou, Paul, comment se porte-t-elle ce matin ?

— Bonjour, merci d'être là. Elle semble aller mieux, mais elle dort.

— Tu devrais te reposer. Je te trouve la mine fatiguée. À moins que cela ne soit le moral ? Quelle est ta réalité, Paul ?

— Tu prends de la fatigue, une baisse de moral, de la contrariété, de la culpabilité, tu ajoutes du doute et de la solitude et tu as la tête que j'ai ! Mais je suis content et soulagé de te voir, excuse-moi.

— Pas de souci, Paul. Les épreuves de la vie sont éprouvantes, comme l'eût dit La Palisse. Anne ?

— Elle n'est pas descendue prendre le repas et n'a donc pas encore mangé, désolé. Elle a pris le petit déjeuner tardivement, au lit, pas de crise, juste un sentiment de tension, mais rien de grave. J'ai grignoté, car l'heure de mon départ est déjà dépassée de quelques minutes et je dois partir. Sauf si tu ne peux pas rester !

— Paul, je fais plus que passer, car je m'invite à manger chez toi. Pour être présente suffisamment tôt, j'ai dû renoncer à prendre le temps de manger au self de l'hôpital, donc, j'ai faim !

— Aucun problème, bien au contraire, le réfrigérateur est plein, les placards aussi, et tu as un repas sur la table. Tu es libre de fouiller comme chez toi. Merci pour tout, Véronique, à charge de revanche en te souhaitant toutefois de ne jamais avoir ce besoin.

— Tu peux partir tranquille, je prends le relais et j'attendrai Lise avant de partir.

Paul parti, elle monta voir Anne qui était toujours couchée et protégée par son drap. Elle s'assit sur le bord du lit et s'adressa à sa patiente d'une voix douce, mais décidée, semblant deviner qu'elle ne dormait pas :

— Bonjour, Anne. C'est Véronique. Je suis là comme prévu. Comme nous l'avions convenu, tu peux te lever pour prendre une douche le temps que je finisse de nous préparer une assiette. Nous pourrons manger ensemble tranquillement et ça me fait plaisir. En plus, j'ai une faim terrible.

95

« Elle a deviné que je ne dormais pas ! Je continue à faire semblant ou j'avoue ? »

Anne tourna la tête, lui sourit et s'assit dans le lit :

— Bonjour, je me lève tout de suite pour avoir le temps de te parler, j'en ai besoin.

— Comme tu es beaucoup couchée, pense à te forcer à marcher, même si c'est juste dans ta chambre, mais aussi à boire et à aller aux toilettes. Je descends, tu peux m'appeler si tu as besoin.

Anne se leva en même temps que Véronique, quitta son tee-shirt de nuit et se rendit dans la salle d'eau attenante à la chambre lentement, mais calmement. Véronique la regarda faire, presque surprise de voir combien le corps nu de cette femme, dès lors qu'il était sorti de son univers hospitalier, était redevenu beau et attrayant.

« Je suis sûre qu'elle a regardé mes fesses. Je l'ai fait exprès ! Je devrais être gênée de ne pas avoir honte, mais je m'en fiche ! Je fais ce que je veux et j'en avais envie. »

Véronique s'occupait à la cuisine depuis moins de dix minutes lorsque son ex-patiente la rejoint vêtue d'un marcel écru.

— Installez-vous, jolie cliente, votre cuisinière vous sert tout de suite ! C'est génial de préparer un repas dans ta cuisine, Anne. Tout est parfait. J'aimerais bien pouvoir recommencer en ayant plus de temps et je nous préparerais un vrai repas.

— Et moi, je pourrais te regarder et te parler. C'est dommage d'avoir attendu que je sois dans cet état pour nous découvrir. Tu es une femme formidable. Jérôme a l'air sympa, il faudra qu'il vienne.

— Pour toi, cela sera du léger, légumes, filet de poisson et un fruit, et pour moi … la même chose, car j'adore et j'ai des rondeurs ! Alors, cette douche à la maison, c'était la première depuis longtemps, non ? Elle devait être particulièrement bonne !

— Oh oui ! C'était incroyablement agréable. J'ai eu l'impression que mon corps s'était d'abord débarrassé de mes souffrances, comme si elles pouvaient s'écouler dans le bac, et qu'ensuite il s'était mis à absorber un maximum d'eau pour se ressourcer.

— Tu es jolie avec les cheveux mouillés. Que voulais-tu me dire ?

« Je voulais prendre mon temps, Véronique ! Tu es trop rapide. »

— Je culpabilise. Je dors beaucoup, mais je suis encore extrêmement fatiguée. Je sais déjà qu'à peine mon repas terminé, il me faudra dormir !

— Mais …. Continue.

« Elle devine tout ! Je suis malade, j'ai le droit de faire des choses bizarres. Il faut que j'arrive à le dire. Je me lance. Elle pensera que je suis une gamine. Tant pis. »

— Mais je m'en sers aussi pour me protéger. Je … Véronique, je veux te confier un secret.

— Fais-moi confiance, Anne, tu peux me parler en toute quiétude.

— Tout à l'heure, Paul est monté me voir dans la chambre. Véronique, j'ai fait semblant de dormir pour ne pas avoir à lui parler et ne pas me lever. Alors que je l'ai fait dix minutes après, pour toi. Voilà. Je me sens coupable.

— Dans ce cas, tu as peut-être une raison pour avoir agi ainsi ? Sincèrement ! Nous ne sommes que toutes les deux.

— Tu sais forcément que j'y ai réfléchi, n'est-ce pas ?

— Oui. Mais aussi que c'est à toi de te libérer et à moi de t'écouter.

— Je crois que j'ai cassé quelque chose en moi. Je n'ai pas encore trouvé quoi, mais je ne sors pas indemne de ce qui m'est arrivé. Tout me fait peur. J'arrive à te parler, mais en pensant au préalable à ce que je veux dire et en choisissant mes mots. Je ne dois pas faire plus qu'effleurer …. effleurer …effleurer … je ne peux plus …

Véronique vit la panique envahir Anne et se leva pour la serrer contre elle.

« J'ai peur, Véronique, je souffre sans avoir de blessure, pourtant je ne joue pas la comédie, je le sais, je ne fais pas semblant ! Je crois que je suis folle ! »

— Chut ! J'ai compris, ne te force pas, cela n'a aucun intérêt de t'infliger davantage. Tu es en convalescence. Au fil de ton rétablissement, tu devras affronter de plus en plus de sentiments de culpabilité et tout le reste.

— Ça a commencé et j'en suis mal à l'aise. Tout est confus.

— Autorise-moi un exemple. Suppose un instant que tu as plongé dans la piscine vide. Boum, tu as les jambes et les bras en vrac ! Tout le reste est intact, tu n'as aucune fatigue particulière et ton esprit est aussi bouillonnant qu'à l'accoutumée. Tu voudrais donc légitimement continuer à participer à la vie, sortir, t'occuper de ta maison, lire, te doucher, séduire, faire l'amour, travailler … Mais non ! Je peux ?

— Oui, s'il te plaît.

— Tu ne pourrais rien faire, parce qu'avec tes quatre plâtres, même avec une tête qui fonctionne bien, tu serais forcément obligée d'attendre la bouche ouverte ta nourriture et à boire, de demander à être posée sur les w.c. et essuyée, de supporter la toilette et le remplacement de tes tampons, de te faire brosser les dents, raser sous les bras, enlever la crotte des yeux, moucher … ! Tu imagines ce niveau de dépendance alors que la tête est totalement fonctionnelle ?

— Avec un cerveau lucide, ça doit être horrible ! Je n'y avais jamais songé.

— En ce moment, Anne, c'est précisément le contraire ! Ton corps se porte bien, il a récupéré et travaille à merveille. Mais, c'est ta tête qui est plâtrée ! Donc, ton joli corps te harcèlera sans cesse en t'expliquant qu'il pourrait faire ceci et cela, mais ton cerveau lui répondra encore et toujours « laisse-moi tranquille ! Je ne suis pas en état, je ne peux pas ! Ce n'est quand même pas compliqué à comprendre ! Si tu continues, j'arrête tout ou je te punis … ! »

— Oui ! C'est ça, Véronique, c'est exactement ça ! Tu sais et tu expliques exactement ma réalité. Je pensais que personne ne pourrait me croire ou me comprendre ! Alors, je croyais être folle. Véronique, j'ai besoin de pleurer.

— C'est la même chose qu'une envie de dormir, de faire pipi, de tousser … Lâche-toi !

Ce qu'elle fit instantanément, car n'ayant plus aucune capacité à contenir son émotion. Véronique se leva, blottit la tête baissée d'Anne confuse contre elle et lui caressa doucement les cheveux.

— Véronique, ce n'est pas parce que c'est toi qui l'as dit, je te jure que c'est ça, c'est exactement ça !

— Anne, je te donne un avis personnel sur la question des pleurs. Si le corps avait considéré que tes larmes devaient être cachées, parce que sales ou honteuses, tu pleurerais entre les fesses ou les cuisses ! Alors que tu peux vérifier dans un miroir, tes larmes sont aussi visibles que ton sourire.

— Les larmes seraient faites pour partager une émotion ! C'est beau ce que tu dis.

— Merci ! Lorsque tu es en perte de contrôle, dis-toi que tes pleurs sont aussi la toupie de ton autocuiseur, c'est ta sécurité. Alors, n'y résiste pas et laisse-toi faire, cela te permettra de gérer ta perte de contrôle avec un minimum de douleur.

— Alors tu me comprends ! Dis-moi sincèrement, ma tête cassée, c'est bien ce qui s'appelle être folle ?

Anne tenait fermement Véronique par la taille, comme si elle craignait qu'elle s'éloigne et fermait les yeux pour mieux apprécier la douceur des caresses dans ses cheveux.

— Pas l'ombre d'un petit peu, tu es souffrante. Tu as déjà été malade, non ? Une grippe, le foie, constipation, règles douloureuses, appendicite …

— Oui, bien sûr !

— Tu auras une maladie de plus à ajouter à ta liste. C'est tout. Si tu as compris ce que j'ai voulu te dire, tu feras ce que ta tête te réclame. Quand tu fais un sprint et que tu sais que ton cœur exige une halte pour ne pas te laisser tomber, ou quand tu portes un carton trop lourd et que tu sais que si tu ne le lâches pas, tu te blesseras, tu obéis à ton corps. Là, tu obéiras à ta tête. C'est curieux à dire, mais je sais que tu comprends.

— Oui. Parfois elle me fait mal, d'autres fois elle crie, elle se déchire, elle se met à trembler de l'intérieur, à tourner surtout si je veux la forcer. C'est étrange. Comme si j'avais pris conscience que mon cerveau existait, avant je ne le sentais jamais. Maintenant, c'est pareil que lorsque je prends conscience d'un muscle après l'avoir trop sollicité et qu'il me fait mal.

— À partir de maintenant, tu deviens une malade sereine !

— J'ai souvent honte, parce que je pense que je fais semblant ! Je crois par moment que je joue la comédie et que j'abuse, mais en même temps, je ne peux pas arrêter d'être comme je suis devenue. C'est comme si j'étais deux en désaccord.

— Devenir une malade sereine, Anne, cela veut dire que lorsque ta tête te dit SILENCE, tu te tais ! COUCHE-TOI, tu te couches ! PLEURE, tu pleures ! BOUDE, tu boudes ! MENS, tu mens ! DIS LA VÉRITÉ, tu dis la vérité ! MASTURBE-MOI, tu te masturbes ! FAIM, tu manges ! Etc. Et surtout … tu dors, je veux que tu dormes beaucoup.

— C'est agréable d'être blottie contre une poitrine de femme généreuse comme la tienne. Je me sens maternée et protégée !

— Profite ! Avec le bébé, j'en ai encore une bonne paire.

— Mon Dieu ! Excuse-moi, je réalise ce que j'ai osé te dire. Je me suis entendue comme si ce n'était pas moi. Pardonne-moi, Véronique.

— Ne t'inquiète pas.

— Je suis maladroite. En fait, ils ne sont pas plus gros que les miens, mais dans les tiens, je peux m'y blottir !

« Je deviens idiote, je viens de dire à Véronique qu'elle a de gros seins et que c'est un délice ! Heureusement que c'est Véronique ! Cela dit, c'est vraiment agréable ! »

— Détends-toi ! Jérôme adore ma grosse poitrine. Et tu sais, moi aussi ! Les effets de ton traitement sont une chose dont nous parlerons, tu devras apprendre à gérer une Anne qui se révélera à toi et aux autres et qui était cachée jusqu'alors.

— Je ne ferai pas semblant, je comprends ce que tu me dis !

Elles finirent de manger en papotant, parfois en silence, puis Lise arriva. Anne demanda à Véronique de l'aider à se coucher et elle s'endormit. Lise écouta avec attention le compte rendu de son amie infirmière et celle-ci retourna à son travail. Le lendemain fut pour Anne semblable à la veille, et le surlendemain aussi.

Alors qu'elle mangeait une salade de tomates en compagnie de Véronique, Anne manifesta quelques signes d'agitations. Son amie infirmière s'en aperçut, mais choisi de la laisser progresser à son rythme.

« Il faut que je lui avoue mon problème, car cela me pollue trop la tête pour que je ne lui en parle pas et je ne veux pas en discuter avec mon médecin. C'est un homme. Il faut que j'aie le courage. »

— Je voudrais me confier, Véronique. J'ai un souci que je suis incapable de gérer seule, et ça m'est difficile à évoquer. Toutefois, il me harcèle et je sais devoir protéger ma tête pour la laisser se reposer.

— Tu m'épates ! Tu fais des progrès rapides, car tu acceptes à présent de considérer que ta tête a besoin de protection et de repos ! Certains mettent des années à le réaliser et l'accepter. Félicitations. Je t'écoute.

— C'est que … je coince, Véronique, c'est intime !

— Intime ? Tu veux dire encore plus que de partager la sortie de ton gros caca ?

— Oh, mon Dieu ! Non, finalement, peut-être pas ! Voilà ! J'en serais sans doute heureuse si je n'étais pas dans cet état, mais là, c'est un souci. Véronique, je suis envahie à en être embarrassée par le désir !

— C'est génial ! Où est le problème ? Raconte-moi.

— Je ne parle pas de câlins, ni d'envie d'amour, ni de quelqu'un en particulier, j'ai juste une envie de …

— De ? Tu ne me choqueras pas sur ce sujet.

— De sexe, de cul, de seins, d'hommes, de femmes … C'est sans limites ! J'ai un besoin de jouir envahissant et qui ne fait qu'empirer.

— Mais, c'est génial ! C'est sain comme désir !

— Pas tout à fait. Je pense qu'en réalité, je suis en forme puisque j'ai une folle envie de m'envoyer en l'air. Donc, je joue à la malade. Je suis une fainéante. J'essaie de me persuader que c'est normal, que je suis simplement comme tout le monde, mais moi, je suis censée être malade ! En plus, pour les pensées … cela devient infernal et torride !

— Tu te souviens de notre conversation d'il y a deux jours ? Je t'ai parlé de masturbation.

— Je n'ai pas réagi, mais j'ai pensé que c'était osé ! Puis, j'ai songé qu'à force de toucher des corps, tu n'avais plus la notion de honte.

— Je l'ai dit afin de te préparer. Tu dois assimiler que dorénavant, tu as à gérer l'ensemble de tes besoins, pas seulement ceux que tu estimes utiles. Ton traitement a un effet désinhibant puissant, tu devras donc assouvir pour gérer. Ta tête remettra régulièrement en fonction quelque chose jusqu'à ton rétablissement complet. Ton corps est déjà en fonction, tu as faim, soif, besoin d'un câlin contre une poitrine maternelle, envie d'assouvir tes pulsions, bref … tout est impeccablement normal. Je peux te prêter des accessoires efficaces.

« C'est fou, je discute masturbation avec Véronique ! Je devrais être mortifiée, mais ça m'excite ! C'est horrible. En plus, elle a l'air de trouver ça ordinaire. Elle serait une vraie coquine que cela ne m'étonnerait pas ! »

— Tu as raison, je peux régler ça avec des accessoires, j'en ai aussi des chouettes ! Oups !

« Non ! Je ne l'ai pas dit ! Oh non ! Mais si et elle a entendu ! Je suis une obsédée et à présent, elle sait que ça n'est pas que depuis aujourd'hui ! »

— J'ai répondu trop vite et je suis embarrassée. J'ai pensé m'en servir, mais j'avais trop de culpabilité pour oser ne serait-ce que les toucher. Tu ne leur diras pas ?

« Dès que je suis dans mon lit, je m'envoie en l'air ! Ça sera énorme, je le sens déjà. »

— Je ne dirai rien, même pas à Anne qui m'a pourtant offert de jolies fesses à admirer.

« Oh la honte ! Je pensais qu'elle me croirait trop perturbée pour réaliser que je me mettais sciemment nue devant elle ! Je suis tarée ! »

— Tu as compris ! Désolée. Véronique, je suis confuse de m'être conduite de la sorte. Tu me connais à présent tout autrement que comme ta voisine qui se la pète !

— Tu as largement les moyens de te la péter et j'essaierais d'en faire autant à ta place.

« C'est plus qu'une déclaration ! Elle me trouve sexy ! Je devrais peut-être tenter le premier pas et nous pourrions faire des tas de trucs ! Mais … si je prenais un râteau ! »

— Si Paul et Lise savaient, ils m'en voudraient beaucoup, mais je ne suis pas prête à ce qu'ils me touchent, ni l'un ni l'autre. Je crois que j'en perdrais la raison.

— Tu contrôles parfaitement tes limites. Continue ainsi. Écoute-toi, Anne, c'est tout ce qui importe pour l'instant. Sache que je réalise que tu dois te faire violence pour être aussi honnête avec moi, car même lorsque tu échappes un secret. Tu assumes et tu te confies. J'apprécie ta confiance.

— C'est gentil de me le dire. Mais j'ai failli flancher deux fois. Pour les gadgets et surtout, de m'être dévêtue devant toi en jouant l'innocente ! Mon réflexe était de nier.

— Je me doute. En attendant de retourner dans ton lit, je te propose de marcher trois minutes pour tes jambes. Tu le feras tous les jours.

« Mince, elle change de sujet. C'est surement mieux, mais zut ! »

— Je ne sais pas si je pourrai aussi souvent, mais j'essaierai.

— Je te propose de profiter de la confiance que tu as en moi pour tenter ces premiers pas. Donne-moi la main.

— De toute façon, j'ai besoin de me tenir à toi pour marcher.

— Alors c'est parti, sortons admirer les fleurs de ton jardin.

— Tu veux que je sorte ? Mais non ! Je ne peux pas ! J'ai peur !

« Elle ne comprend pas que je suis incapable de supporter un regard ! Si je le dis, je passerais pour une vraie folle ! Mais je ne veux pas sortir. »

— Mais, où est le souci, Anne ? Tu me dis que tu n'es pas prête, donc à l'instant où tu veux arrêter, nous monterons dans ta chambre. C'est simple. Je te propose comme objectif la porte d'entrée. Ce n'est pas vraiment sortir, mais je sais qu'affronter la reprise de contact avec l'extérieur est une épreuve redoutable. Ne t'en inquiète pas, c'est classique. Tu dois aborder cette étape telle une rééducation.

Anne semblant avoir perdu brusquement ses forces et ses repères, Véronique la tirait en marchant lentement. Anne serrait fortement la main tendue comme si cela pouvait la préserver de quelque chose d'invisible.

« J'essaie, mais mon corps est comme à moitié paralysé, il est mou, raide, et je n'ai plus de forces. En plus, je panique. »

— Pense à respirer. Concentre-toi sur ta respiration, mieux que ça, voilà, mais souffle plus fort ! Bien. Maintenant, tu avances encore, nous approchons du seuil de porte. Nous nous y arrêterons avec un grand sourire, car nous aurons atteint notre objectif.

Très pâle, Anne s'appuyait toujours avec force sur la main de Véronique et de l'autre se tenait au mur :

— Pas plus. C'est tout. Je risque de chuter.

« Je suis nul ! J'ai le vertige sur le seuil de porte de ma maison qui est de plain-pied ! Je ne suis plus qu'un déchet. Elle fait semblant de ne pas s'en apercevoir, mais elle sait. »

— Tu n'es pas tombée, c'est bien. Demain, nous ferons une enjambée au-dessus du seuil de porte. Pour aujourd'hui, contente-toi de regarder depuis ici. Ces fleurs et cette herbe verte forment un cadre magnifique. C'est beau, n'est-ce pas ?

— Quelqu'un pourrait me voir, non ? Tu ne vois personne ?

— Nous sommes chez toi et ton jardin est protégé. Sois tranquille ! Tu fais demi-tour, il est temps de te reposer et c'est mérité.

— Oui, mais attend, j'ai les jambes qui tremblent et j'ai peur. Tout mon corps commence à vibrer, comme s'il s'apprêtait à s'écrouler. Véronique, je panique. Je sens une crise arriver.

— Calme-toi. Tiens-toi à moi avec tes deux bras, tu peux, je suis solide.

— Je n'aurai pas la force plus longtemps.

— Ce n'est pas un souci. C'est moi qui te tiens. Pendant que je te serre dans mes bras, tu mets tes mains devant ta bouche et tu respires ton air, comme si tu voulais sentir ton haleine. Fais-le. Voilà, ferme mieux les mains, les yeux aussi et respire doucement. C'est un truc efficace de secouriste. Tu te calmes déjà.

Anne se stabilisant, Véronique la pilota jusqu'à l'escalier en prenant soin de refermer la porte d'entrée :

— Tu as gagné une pause, au lit ! C'est parti.

Quelques instants plus tard, Anne était couchée. Véronique lui avait enlevé son tee-shirt mouillé tant elle avait transpiré. Il fallut peu de temps pour que le sommeil l'emporte et la soulage. Véronique regagna la cuisine pour y prendre son café en attendant Lise qui arriva quelques minutes après, dans sa tenue d'hôtesse. Elle lui fit son compte rendu, intégrant celui de Paul, évoqua le repas et le premier essai de sortie.

— Je te laisse prendre le relais. Je dois retourner au travail. Te voir dans ta tenue d'hôtesse me fait des trucs quand je pense que à ce qu'elle cache ! J'aimerais bien essayer … lorsque tu es en tenue !
— Tu as la patate, toi ! Voilà que maintenant tu veux te taper une hôtesse ! Je ne sais pas trop, c'est bizarre comme idée, non ?
— Ah mince ! Excuse-moi, je voul ….
— Sauf évidemment si c'était une femme dans une tenue d'infirmière qui me le demandait ! Là, tout serait possible. Une infirmière … Cela pourrait même être chaud !
— Vrai ? Tu m'as fait peur, vilaine. Ouhhhhhh, j'y penserai tout l'après-midi. Je file, je suis toute chose, c'est génial. Merci, et laisse-moi te le dire encore une fois, je suis super bien avec toi.
— Bisous, et courage.

Véronique s'en retourna avec un grand sourire complice et Lise referma la porte avec douceur. Elle était seule. Paul et Véronique étaient au travail et Anne dormait, alors elle décida de remettre rapidement la cuisine en ordre pour profiter au mieux de la piscine. Quelques longueurs de bassin lui permettraient de se délasser, puis elle prendrait un bain de soleil pour se reposer en bronzant.

« Quelle somme ! C'est incroyable ce que je peux dormir, et pourtant je suis encore fatiguée. J'ai l'impression que si je n'avais pas ma vessie pour me réveiller, je pourrais sans difficulté dormir plusieurs jours. Il faut que je me lève, en plus j'ai soif et je vois que personne n'a pensé à me poser un verre d'eau. C'est parti, je me lève. Étape un, ma vessie. J'ai quand même la tête dans le coton, tout est encore bizarre. Pas un bruit, il n'y a personne dans la maison. Je peux descendre, finalement j'aime autant, j'ai envie d'être seule. En plus, je peux rester nue, j'adore et ça fait si longtemps ! Je ne sais pas pourquoi je n'ose pas plus souvent, après tout, je suis chez moi. La cuisine est impeccable, la maison fonctionne bien, tout est propre, en haut comme en bas, le réfrigérateur est plein ! Je dois me rendre à l'évidence, je ne suis pas indispensable. En plus, je ne suis même pas capable d'être une maman, ma vie se résume à quoi ? Je dois regarder la télévision, sinon je me morfondrai tout l'après-midi. »

Elle se rendit au salon et approcha du téléviseur.

« Mince, il y a quelqu'un d'allongé sur la terrasse. J'aperçois des pieds. Je n'ai pas un vêtement sur le dos. J'approche doucement, je verrai bien qui est là. Lise ! Elle s'est endormie en plein soleil. Elle est jolie. Ses cheveux blonds sur sa peau bronzée avec ce soleil qui illumine son corps, c'est quand même une merveilleuse image ! Mince, je suis encore dans le potage et voilà que j'ai à nouveau des envies, et pas qu'un peu ! D'un autre côté, je n'ai rien d'autre à faire, alors pourquoi ne pas en profiter. Mais si je suis capable de m'envoyer en l'air, je devrais au moins pouvoir prendre mes repas à table, regarder la télévision avec eux, faire l'amour avec mon mari … Mince, ça recommence. J'ai les jambes qui commencent à trembler. Oh non, je ne veux pas subir une crise en étant seule, j'ai peur. Lise ! Je panique, s'il te plaît, aide-moi ! Je vibre. Je risque de tomber. LISE, AIDE-MOI. AU SECOURS. J'AI MAL. J'AI PEUR … »

N'y tenant plus, elle commença par sangloter, puis doucement cela évolua en pleurs. La crise de nerfs approchait lentement, mais avec force et elle lançait des cris à la limite des hurlements de douleurs. Elle mit ses mains comme pour enserrer sa tête, toujours quasi paralysée debout au milieu de son salon, tremblante. Des larmes inondaient son visage et son nez coulait. Lise entendit les plaintes et s'éveilla en sursaut, manquant de retomber assise, car sa station allongée au soleil nécessitait une pause pour se remettre debout. Elle vit immédiatement Anne figée et en pleurs violents plantée entre la baie vitrée et le téléviseur. Rien au sol, pas de trace de blessure, c'était une crise.

— Anne, je suis là, n'ait pas peur. Je t'aide immédiatement. Ne bouge pas.

Elle courut à la cuisine prendre un verre d'eau et un chiffon mouillé qu'elle trempa précipitamment dans l'eau, prit un sac plastique et attrapa une chaise. Les leçons de Véronique lui revenaient automatiquement :

— Je t'assois, doucement. Tu y es. Maintenant, laisse-moi te mettre ce sac devant la bouche et respire dedans. Ne sursaute pas, je te passe une serviette mouillée sur le visage. Tu vois, la crise s'estompe. Détends-toi. Je suis là. Je m'occupe de tout. Tu me laisses faire.

Anne soufflait avec force dans le sac que tenait son amie sur sa bouche. Il se gonflait et se plaquait à sa bouche. Les mains calées entre les cuisses, elle tremblait et hoquetait. La pièce tournait et ses yeux se révulsaient lorsque sa tête tombait sur le côté.

— Humm. Merci. Je voulais venir vers toi. J'ai eu peur et … crise …

— Chut … Attends encore une minute ou deux avant de parler. Nous pourrons discuter en toute tranquillité. Essaie de boire et tu mets ce cachet sous la langue, c'est juste pour te détendre.

Après environ cinq minutes de retour progressif au calme, les spammes nerveux avaient à peu près disparu et Anne semblait presque apaisée, mais elle ressentait déjà une grande fatigue.

— Anne, je voudrais te présenter mes excuses. Je m'étais allongée pour attendre que tu te réveilles et je me suis laissée surprendre par le sommeil. Plouf, dodo ! Tout cela ne serait pas arrivé si j'avais été auprès de toi comme je l'aurais dû, pardon.

« C'est vrai, pourquoi est-ce que personne ne s'occupe de moi ! Je ne suis pas indispensable à la vie de la maison, mais quand même, je suis malade ! »

— Ne dis pas cela, tu es là, c'est déjà gentil. Je ne suis plus un bébé.

— Non, ou alors les bébés sont hyper sexy cette année ! Je ne t'avais pas vue nue depuis trop longtemps et je te trouve carrément jolie. Tu es une belle femme, Anne.

— Je me croyais seule, comme j'avais envie d'être nue, j'en profitais. Ton maillot de bain est seyant à l'extrême.

— Oups, oui ! Je file me couvrir, désolée, c'était pour le bain de soleil !

« C'est une vraie bombe à désirs ma maîtresse ! Quelle femme ! Elle me rend folle sans rien faire ! »

— Tu peux rester ainsi, je t'assure que cela ne me gêne pas. En plus, j'ai une énorme envie de … de voir tes fesses. NON ! Je dis n'importe quoi. Je souhaite que tu te sentes à l'aise avec moi, alors si tu restais dans cette tenue, je serais contente.

« Si je persiste, je quitterai le statut de folle pour celui d'obsédée. En quelques jours, c'est inquiétant ! »

— Lise, je voudrais pouvoir parler d'un truc qui m'est arrivé. Mais c'est bizarre et je ne peux pas raconter cela à n'importe qui. Toi, j'ai toujours pu tout te dire, n'est-ce pas ? Je ne me trompe pas ? Je pourrais continuer, même si je suis devenue une sorte de folle !

— D'accord ! Je ne peux pas t'empêcher de penser que tu l'es, mais t'affirmer que tu ne l'es pas, si. Tu es fatiguée, ma grande, malade plus fatiguée égale plan galère, mais pas folle !

— Si cela te rassure, c'est d'accord.

— Tu dois continuer à te confier à moi comme nous l'avons toujours fait. Et de la même façon, tu peux tout me demander.

« J'ai pourtant été claire ! Je lui ai dit que j'avais des envies et elle ne cherche même pas à en profiter ! Je ne pourrai pas être plus explicite ! Je dois être en décalage ! »

— Anne, je voudrais te poser une question et que tu n'oublies pas que je ne suis pas médecin, alors je ne peux pas deviner. Tu te souviens que depuis petite, je suis ta confidente et que toutes les deux nous gérons le souci que tu as dans le cerveau ?

— Je n'ai jamais oublié, Lise, mais je ne peux pas en parler. Je voudrais te faire part d'un traumatisme et te révéler une chose bizarre qui m'est arrivée. J'ai besoin de me confier, car je n'ai plus le moyen de taire des choses pesantes. Véronique m'a dit que je devais écouter mon corps et ne plus le surcharger avec des tracas. Je peux ?

— Mais oui, Anne, jamais tu n'as hésité ! Tu veux que je te regarde ou pas ?

— Non. Tu observes le jardin sans commenter. Tu n'y peux plus rien de toute façon.

— Pas de souci.

— Pendant mon hospitalisation, j'ai été examinée, soignée et tout le reste, tu t'en doutes.

— Normal et heureusement.

— Certes. Véronique est notre voisine et nous la recevons régulièrement lorsque nous organisons une réception.

— En effet.

— Lise, elle m'a fait ma toilette et tenu le bassin !

— Ah ! C'est gênant, mais je pense qu'elle le fait fréquemment.

— J'en ai été extrêmement humiliée et rabaissée. Je ne m'appartenais plus. Je n'avais jamais pensé à cet aspect de la vie des malades ! Moi qui me la pétais carrément genre femme fatale et sexy, tu sais que j'aime bien jouer sur le côté BCBG provocatrice qui ne le fait pas exprès. Je suis tombée de mon estrade ! Une sorte de violente reprise de contact avec la réalité humaine. Mon amour propre a été certes mis à mal, mais le pire, je crois que c'est d'avoir réalisé que je suis comme tout le monde ! Tu vois l'allure de l'égo ! Et là … je bloque. Je suis givrée ou je suis folle ! Je n'ai pas d'autre piste. Je bloque.

— Tu ne trouves pas que pour une folle tu réfléchis bien et vite ?

— J'y ai tellement déjà pensé que j'avance. Mais j'ai besoin d'en parler.

— Anne, ce monsieur ou madame tout le monde n'existe pas. C'est une formule, un raccourci de langage. Une fois le corps sorti de l'hôpital, chacun redevient lui-même. Si tu as un doute, tu te campes devant le miroir de l'entrée. Tu y verras une grande femme brune qui, même dévêtue, à une sacrée classe, crois-moi.

— Lise, je suis épuisée. Mais je me sens bien d'avoir pu te parler.

— C'est notre première vraie discussion depuis des mois. J'en suis heureuse, Anne, merci. Tu pourras refermer ce petit tiroir. Finalement, son contenu est pesant à vivre, mais inévitable.

— J'ai du mal à gérer malgré tout. Elle connaît tout de moi.

— Ah ! Je peux t'en parler ou pas ? Je ne veux pas te fatiguer.

— Je t'écoute, mais si c'est pour me dire que c'est normal ou pas grave ! Véronique me l'a déjà expliqué et cela n'empêche pas que je supporte mal de m'être abaissée à ce point.

— Non, ce n'est pas de cela qu'il s'agit. Elle ne voulait pas te faire les soins pour justement ne pas entrer dans ce genre de complications. Elle sait par expérience ce que cela pose comme problème. Mais … Lise est passée par là. Désolée.

— Que veux-tu dire ? Qu'as-tu fait ?

— Ne te fâche surtout pas. Tu dois comprendre que j'ai eu peur de ce qui t'est arrivé. J'ignorais ce que serait l'évolution et pendant plusieurs jours, je n'ai pas pu m'approcher de toi. Tu étais dans la souffrance et la détresse et je n'avais pas le droit d'être près de toi. Tu imagines ? Je voulais m'assurer que tu sois bien soignée, propre, coiffée, bichonnée, comme Anne le sera toujours tant que tu ne me chasseras pas. J'ai donc demandé à Véronique de passer au-dessus de sa relation avec toi et de veiller sur toi comme j'aurais voulu pouvoir le faire. Je refusais aussi l'idée qu'une femme sans délicatesse le fasse, ou encore que tu aies à subir une réflexion d'impatience, ou que l'on te fasse mal en te mettant une sonde urinaire, ou que tu doives attendre la toilette de la journée du lendemain si tu en avais besoin de plusieurs dans la journée, ou bien que tu passes tes journées avec des couches pour ne pas embêter le personnel soignant. Comme tu l'aurais voulu pour moi. Grâce à elle, tu es restée en permanence digne, propre et belle, tu sentais même toujours bon, car elle te parfumait légèrement tous les jours. Je lui avais confié ton parfum préféré. Alors oui, tu n'as plus aucun détail qu'elle ne connaisse pas. Et alors ? C'est une femme, une professionnelle de la santé, une amie, et elle a veillé sur toi d'une façon admirable. Je peux continuer ?

— Je t'écoute.

— Chaque jour, ni Paul ni moi n'avons vu une autre femme que celle que tu montres habituellement. Réalise que malgré ce qui t'est arrivé, pas une fois nous ne t'avons vue salie ou avec une couche. Jamais, Anne ! Voilà pourquoi tu dois à présent affronter le fait que Véronique se soit occupée de toi !

— Ah d'accord ! Vu comme ça, forcément c'est différent. Véronique t'avait parlé de mes petits tracas ?

— Non. Pas même une allusion. Elle m'épate cette Véronique. Quand tu iras mieux, il faudra lui accorder plus d'attention qu'avant. Elle mérite largement d'être plus que ta voisine.

— J'ai bien fait de t'en parler, j'ai moins honte. Tu sais, ce n'est pas anodin de découvrir ce genre de dépendance, c'est un vrai choc.

— Et la chose bizarre ?

— Je suis épuisée. Je dois m'allonger.

Anne se leva péniblement en s'agrippant au bras de Lise et elles montèrent à la chambre, nouvelle résidence principale d'Anne. Son amie s'assit au bord du lit et garda le silence.

— Bon. Comme je m'apprête à dormir, j'en profite pour te révéler mon secret. Je t'ai dit que j'étais folle, parce que je le suis sans doute, mais malgré cela, je sais ce que j'ai vu, d'accord ?

— Tu n'es pas folle, Anne, alors arrête avec ça.

— J'étais en souffrance dans mon lit, dans le coma, mais je vous entendais, toi et Paul. Je voulais profiter que vous étiez là, alors j'ai lutté pour ne pas m'endormir, car j'étais très mal. C'est là qu'en instant, je me suis sentie soulagée ! Dans un bien-être incroyable ! Tu ne peux pas l'imaginer. C'est là que c'est arrivé. Je me suis vue dans le lit ! Je t'ai vue à côté de moi avec Paul de l'autre côté du lit. Je nous voyais depuis le plafond ! Non, ne me dis rien, Lise. J'avais froid et je montais. Puis j'ai vu un soleil et il m'a réchauffée. Comme quand tu as froid en sortant de la piscine et que tu t'allonges nue au soleil. Tu sens une chaleur entrer dans ton corps en te faisant un bien immense, c'était dans ce genre. C'était une grosse lumière blanche à peine jaune. J'ai réalisé que c'était bizarre et je voulais comprendre. J'ai continué de monter. Quand j'ai compris que je mourrais, j'ai eu peur et j'ai paniqué. J'ignore comment cela s'est produit, mais j'ai commencé à redescendre ! Je me souviens m'être dit que puisque je pouvais redescendre, je devais remonter pour savoir. J'ai eu mal et je suis revenue. Dans le lit !

— Ouah ! Je ne sais pas quoi dire, c'est énorme !

— Lise, je suis sûr de ce que je te raconte. Je ne suis pas folle, mais je ne peux raconter cela qu'à toi. Tu ne le répètes à personne.

— Mais, Anne, tu m'as vue parce que j'étais là lorsque cela t'est arrivé. Ensuite je me suis fait mettre dehors avec Paul, nous étions juste derrière la porte de ta chambre. Tu ne m'as pas vue sortir de la chambre ou attendre derrière la porte ?

— Tu délires ou quoi ? Ah non, d'accord, tu te moques de moi, je suis déçue, Lise, je me confiais.

— Mais non, je suis sérieuse et je te crois.

— Je te dis que j'étais au plafond ! Comment voulais-tu être avec moi, que je te vois derrière la porte … Tout cela est complètement fou et toi tu ne trouves pas cela bizarre, et en plus tu me dis que tu étais là !

— J'étais avec Paul lorsque tu as fait un arrêt du cœur. Nous avons été mis dehors par l'équipe de l'hôpital. Nous étions juste devant la chambre pour attendre, paniqués, abattus et en pleurs. Cela a été terrible, comme tu l'imagines. Ils sont ressortis en nous disant qu'ils t'avaient récupérée ! C'est pour cela que tu es redescendue et que tu as eu mal !

— Mince alors, je ne savais pas que j'avais fait un arrêt du cœur, alors je suis vraiment morte, pendant un instant, mais morte !

— Oui ! Et tu as donc bien vu la fameuse lumière, Anne, tu l'as vue !

— Mince ! Je suis morte, j'ai vu la lumière et je suis revenue ! Mince alors ! Heureusement que je suis shootée, parce que la nouvelle secoue.

— Tu réalises ? Tu l'as vue pour de bon ! Tu voudras bien me raconter encore, c'est merveilleux. Tu es encore plus unique qu'avant. Anne, tu es pâle et tu as l'air fatiguée, tu devrais dormir.

— Désolée. Je suis épuisée, encore et toujours, mais je suis heureuse d'avoir réussi à parler autant avec toi et surtout d'avoir pu me confier. J'avais ces deux poids qui me polluaient. Je me sens mieux. Lise ?

— Oui ma grande, je reste dans la maison jusqu'au retour de Paul.

— Non, pas ça. Tu accepterais de te coucher avec moi, au moins le temps que je m'endorme ? Je suis fatiguée, mais je voudrais savoir si je supporte encore le contact d'un corps contre moi. C'est important. Alors, sois douce et compréhensive si je te repousse. Il faudrait que tu te couches et que, surtout, tu ne bouges pas ! Tu n'essaies rien, je veux juste ne pas m'endormir seule. Tu comprends ?

Anne se coucha sur le côté et Lise se glissa contre son corps en essayant d'établir le maximum de contact entre elles deux, tout en veillant à ne surtout pas l'oppresser. Juste avant de s'endormir, Anne demanda encore, en marmonnant, car le sommeil l'envahissait :

— Lise, comment Paul supporte-t-il celle que je suis devenue ? Et l'abstinence ? Dis-moi ! Il rentre à la maison où il découche ?

— Il a eu extrêmement peur de ce qui t'est arrivé, mais il gère à présent. Pour le reste ne t'inquiète pas, je suis là et je m'en occupe, il n'ira pas voir ailleurs. Je veille pour toi. Tu dois juste te reposer.

— Merci. Prends soin de lui pour moi, je suis trop fatiguée, mais je ne veux pas le perdre.

Elle s'endormit jusqu'au lendemain matin, calme et apaisée. Une fois Anne endormie, Lise resta blottie contre elle pour profiter de ces retrouvailles, certes platoniques, mais qui n'en étaient pas moins le premier contact charnel avec elle depuis longtemps. En début de soirée, alors que Lise faisait le ménage dans le séjour, Paul arriva avec un sac embaumant la nourriture prête, la mine réjouie et sûre de son fait :

— J'ai pensé que … Je serais comblé de te faire plaisir. Alors s'il te plaît.

— Ça sent bon ! Mais je vois Véronique ce soir. Je passe chez moi pour me préparer et je file. Tu dois me prévenir quand tu as un plan pour la soirée. J'en ai moi aussi, parfois ! Paul, je ne suis pas vindicative ni indifférente, mais c'est ton couple qui m'a expliqué que j'étais libre et indépendante. J'en ai pleuré, souffert, et j'apprends.

— Tu as raison, désolé.

À peine arrivée chez elle, Lise ferma ses volets et prit le téléphone :

— Tu es toujours prête pour porter ta tenue d'infirmière avec des dessous d'enfer ? Si oui, tu es attendue par une hôtesse de l'air en uniforme et en grande forme.

CHAPITRE 8

« Comment puis-je gérer aujourd'hui ? Nous sommes dimanche et je suis moins fatiguée, mais pas pour autant prête à affronter tout le monde en même temps. Je ne veux pas de question sur ma santé, ni d'allusion, ni de regard condescendant, ni me sentir surveillée du coin de l'œil, ni que personne ne pense que je suis malade, ni qu'il soit attendu que je me comporte comme si je n'étais pas malade ! En fait, je ne serai bien que seule. Je me demande si les voisins savent que je suis souffrante. Depuis le temps qu'ils ne m'ont pas vue, certains doivent envisager que j'ai quitté le domicile conjugal, selon l'expression consacrée. Je devrais sans doute me montrer un peu, mais ils me regarderont et je ne le veux pas. De toute façon, je me sens de mauvaise humeur et je n'ai pas le moral, mais alors, pas du tout. Je suis au trente-sixième dessous. Je préfère rester dans ma chambre. Tant pis, je ne bougerai pas, mais au moins je ne verrai personne. »

— Coucou, ma chérie, tu as bien dormi ? Je t'ai préparé un petit déjeuner sympathique. C'est prêt sur la table de la terrasse. Il y a un beau ciel bleu et l'air est doux. Ce dimanche s'annonce superbe.

« Je m'en fiche, je ne veux pas descendre. Laisse-moi, Paul, j'ai besoin d'être seule, je ne te supporterai pas. »

— Je voudrais déjeuner seule.

— Oh ! Je peux comprendre. J'ai déjà pris le mien. Lise est chez elle. Véronique ne passera avant onze heures quarante-cinq. Aucune visite au programme. Je dois impérativement entretenir l'allée, car la mauvaise herbe gagne du terrain. Tu peux descendre en paix, car tu as la maison pour toi seule jusqu'à treize heures. Tes cachets sont sur la table avec ton petit déjeuner. À tout à l'heure.

« C'était un peu long, en revanche, il a enfin compris mon besoin de calme. J'attends qu'il sorte et je descends. J'ai dû faire un mauvais rêve pour me sentir aussi mal. D'ailleurs, j'ai envie de pleurer et je ne sais pas pourquoi. Eh voilà, ça y est ! J'en ai marre. Pourquoi est-ce que j'essaierais de m'en sortir ? »

Elle se leva, ouvrit sa porte, hésita, fit demi-tour et se recoucha.

« Après tout, qui a besoin de moi ? Paul, Lise, la maison, le travail ? Non ! Tout fonctionne à l'identique. Moi qui me croyais la maîtresse des lieux ! Tu parles ! Je ne suis même plus là. J'ai vécu de foutaises et je me sentais heureuse, mais de quoi ? Ma vie est nulle et vide, elle est moi. J'ai des douleurs. Ça recommence. J'ai mal à la tête. Je suis seule. Je pleure. Personne ne s'intéresse à moi et j'ai des envies inassouvies comme si je vivais seule ! Dérisoire, illusoire, consternant. De toute façon, même ma libido m'ennuie ! Je devrais mourir, après tout, la lumière est agréable, pourquoi ne pas la rejoindre ? Je serais bien. Je n'aurais plus mal. Je n'embêterais plus personne. Et je serais tellement soulagée ! J'en ai marre à un point ! Tout est fardeau, mon corps, mon être, les autres, la vie, tout ! Ils pleureront un jour ou deux, et puis quoi ! Leur vie sans moi existant déjà et se déroulant finalement bien, cela ne changerait rien pour eux. C'est fou ! Je ne manquerais vraiment à personne ! Peut-être à mes parents quand, dans quelques mois, ils s'apercevront que je ne suis plus ! Puisque c'est ainsi, c'est décidé. Je leur montre ce matin, à tous, que moi non plus je n'ai pas besoin d'eux et que je serai mieux ailleurs. »

Paul fit une pause dans sa chasse aux mauvaises herbes et vit sur la table de la terrasse le plateau intact.

— Anne, tu ne descends pas prendre ton petit déjeuner ? Tu as besoin d'aide ?

Anne se redressa et s'assit dans son lit, les cheveux collés sur le visage par les larmes, les yeux boursouflés, la respiration altérée par les pleurs qui duraient depuis une bonne heure et le nez coulant presque autant que les yeux. Elle se mit à hurler :

— Laisse-moi tranquille ! Continue à vivre comme si je n'existais pas, de toute façon tu seras bientôt débarrassé de moi. J'en ai marre d'être un poids pour tout le monde. Même pour moi je suis une charge. Tout cela n'a plus aucun sens.

Paul monta les marches en courant tout en entendant les paroles devenues compréhensibles entre les pleurs, les spasmes et le fait qu'à présent elle criait. Il resta un instant pétrifié sur le seuil de porte de la chambre, car la scène était aussi terrifiante que dramatique. Il se savait impuissant et restait interdit quant à la décision à prendre tant la solution semblait inexistante. Il se saisit de son téléphone portable qu'il avait dans la poche, numérota et le posa sur le chevet en s'assoyant au bord du lit à côté de son épouse qui continuait de hurler, mais avec une voix plus grave :

— Je dois me tuer tout de suite, comme ça je ne dérangerais plus personne. Vous pourrez passer à table tranquillement. Regarde ! C'est mon départ. Mon ticket pour la liberté. Je le composte devant toi pour que tu aies au moins un souvenir de moi !

Anne tourna son poignet et le tendit à Paul. Avec ses grands ongles de l'autre main, elle se griffa violemment et profondément à hauteur des veines. Paul lui immobilisa fermement les poignets pour l'arrêter et essaya de la contraindre à s'allonger :

— Sois raisonnable, calme-toi. Tu sais que tu es malade et tu n'as aucune raison de penser que quelqu'un voudrait te voir partir. Je t'aime. Nous tenons tous beaucoup à toi.

— Tu dis ça pour me calmer, c'est tout. Tu veux juste que j'arrête de hurler, dès fois que les voisins entendent ! Tu imagines s'ils savaient ? L'image d'Épinal de ton couple ? Ça pourrait certainement leur faire plaisir de me voir dans cet état, mais je te ferais honte, n'est-ce pas !

— Arrête ! Ça suffit. Allonge-toi. Cela n'a aucun sens, Anne, regarde ce que tu t'es infligé ! Tu saignes beaucoup. Il faut une serviette pour ton poignet et je te ramène un verre d'eau. Tu ne crois pas que je devrais appeler les secours ? Anne, s'il te plaît.

— Si tu oses une démarche pour me faire interner, je te jure que je me tue devant toi. Ça te fera un souvenir.

Paul se leva avec précautions et se dirigea à reculons vers la salle d'eau en la surveillant. Anne agissait à l'identique en l'observant, le visage méconnaissable, marmonnant et haletant. Lorsqu'il fut tourné vers le lavabo, il y eut un silence trop brusque pour être normal. Paul revint à grandes enjambées et fixa Anne, assise sur le lit, immobile, qui le défiait du regard, terriblement pâle. Il remarqua simplement qu'elle semblait finir de baisser son tee-shirt blanc, comme si elle voulait couvrir son ventre.

— Ne bouge pas ! Je suis dans la salle d'eau, je prends une serviette et un verre d'eau.

Elle ne répondit pas, mais ne hurlait plus.

« Un verre d'eau ! Il me prend vraiment pour une demeurée ! Tu ne tarderas pas à réaliser si je suis folle ou non. Tu veux me garder tel un trophée, moi je veux partir. Cette vie n'était pas pour moi. Éloigne-toi une minute et tu verras lequel de nous deux est le plus stupide ! »

Il retourna chercher le verre d'eau et une serviette de toilette qu'il mouilla d'une bonne moitié. De retour dans la chambre, il vit Anne qui n'avait pas bougé d'un centimètre et qui le fixait toujours. Son tee-shirt blanc était strié de sang sur les seins et déjà imprégné sur son ventre, où une grosse auréole ovale visiblement alimentée par le sein gauche grandissait à vue d'œil.

— Nom de Dieu ! Qu'est-ce que tu as fait ? Elle s'est mutilée ! Il me faut de l'aide immédiatement, c'est sérieux ! Urgence ! Anne s'est sérieusement mutilée et saigne abondamment.

Paul avait haussé le ton pour être entendu de Véronique qui, il l'espérait, était à l'écoute sur le téléphone portable. Il s'approcha de son épouse et tenta de soulever son vêtement pour voir la nature de sa blessure, mais elle l'en empêcha et le repoussa violemment puis tenta de le griffer au visage.

— Anne, tu as besoin d'aide. Il faut que tu fasses un effort. Fais-moi confiance, je t'aiderai, les autres aussi, mais s'il te plaît, laisse-moi voir ce que tu t'es infligé.

— Je ne suis plus en colère, Paul. Mais laisse-moi. Il est plus que temps pour moi de te laisser vivre ta vie. Je dois aussi libérer Lise de plus de trente années d'esclavages. Je veux partir, je suis usée Paul. Je n'ai plus peur de mourir et je veux rejoindre la lumière. Je serai en paix, toi et Lise aussi. Tu pourras te remarier et avoir des enfants. Tout rentrera dans l'ordre. Ma vie est un échec, car je suis un échec. J'ai commencé de me vider, je ne devrais pas tarder à partir. Si tu veux partager encore une chose avec moi, reste. Sans peur. Je suis sereine. Tu seras bientôt aussi libéré que moi, Paul.

« J'ai envie de lui dire que je l'aime avant de partir. Mais je n'en ai pas envie. J'ai affreusement mal, mais je m'en fous et je ne le dirai pas. »

Véronique arriva en courant dans la chambre :

— Anne, que ce passe-t-il et pourquoi ne m'as-tu pas appelée ! Tu sais pourtant que tu peux dès que tu es en difficultés ! Paul, tu me laisses seule avec Anne, je m'en occupe. Sors immédiatement.

« Je t'avais promis, c'est vrai, Véronique, pardon ! Je me demande ce que je devrais faire. Crier ! Sourire ! Pleurer ! Fermer les yeux et attendre ? Faire semblant de m'évanouir ! Me lever ! Mais pour aller où ? Je mourrais peut-être plus vite. »

— Véronique, son poignet saigne et pour sa poitrine et son ventre, je n'ai pas pu voir, mais c'est une hémorragie importante. Cela vient juste d'arriver et regarde, elle est pleine de sang. C'est terrible.

Véronique le prit par le bras pour le contraindre à sortir de la chambre et, sur le seuil, elle lui murmura :

— Appelle votre médecin, c'est du sérieux, Paul. Dis-lui ce qui se passe et qu'il prenne de quoi lui administrer un sédatif et de quoi faire des points. Précise que je suis là, si ce n'est pas le médecin que nous connaissons, dis-lui que je suis infirmière et que je peux l'assister pour les soins et rester près d'elle si nécessaire.

— Comment cela ? Qu'est-ce qui se passe ?

— Plus tard, Paul, dépêche-toi.

« Mon pauvre Paul, tu es totalement dépassé par les évènements, mais je ne t'en veux pas. À présent, la sérénité est en moi. Je me demande si tu voudras te mettre en couple avec Lise ou effacer cette étape de ta vie pour trouver une autre femme ! Mais Lise n'est avec toi que parce que je suis avec toi. Moi partie, tu découvriras que Lise est vraiment homosexuelle. J'aurais bien voulu savoir. Tant pis. »

Paul attendit d'être au rez-de-chaussée pour téléphoner afin de ne pas être entendu et, après quelques explications, il obtint de son médecin qu'il vienne séance tenante. Véronique prit rapidement un gant de toilette mouillé dans la salle d'eau et s'assit auprès d'Anne avec calme. Elle la fixa et lui passa une main sur le front, dégageant son visage encombré de cheveux collés. Puis elle la tamponna avec le linge humide et pencha la tête sur le côté avant de s'adresser à elle :

— Souvenirs ! Tu peux te détendre et me laisser faire, Anne. Nous devons parler, mais tu as aussi besoin d'aide, tu le sais. Tu ne crois pas que tu aurais dû m'appeler au lieu de faire cette bêtise ?

Après un silence de plusieurs minutes, que Véronique respecta en refusant toutefois de lui laisser envisager qu'elle pourrait rester dans le mutisme :

— J'en ai marre de cette comédie. Je suis fatiguée d'être fatiguée. Fatiguée d'être une charge pour tout le monde. Mon corps me pèse, ma tête me fait souffrir et je n'ai plus aucun intérêt pour quoi que ce soit. J'ai décidé d'en finir. C'est la seule solution pour mettre un terme à cet enfer. J'y ai bien réfléchi. J'échouerai peut-être quelques fois, mais je mettrai un terme définitif à cette ineptie qu'est ma vie.

— Ah, d'accord ! C'est prometteur, Anne. Pour cet essai, tu t'es juste blessée. Alors tu as mal et la douleur persistera quelques jours. Si tu ne veux pas que ce soit un service hospitalier qui t'embarque de force, tu dois me laisser regarder. Je refuse que tu sois emportée dans ces conditions. Je connais cela, Anne, tu t'en doutes. Allonge-toi.

— D'accord. Véronique, je te demande pardon. Toi, tu sais que je souffre. J'ai l'impression que la souffrance est en moi tel un nouvel organe. Je n'en peux plus ! En plus, tu as raison, maintenant j'ai mal au poignet, ça me brûle. J'ai une horrible douleur aux seins, surtout au gauche. Fais attention, s'il te plaît, c'est extrêmement douloureux, même si c'est bien fait pour moi.

— Laisse-moi regarder tes blessures. Montre ton poignet … Anne ! Mais comment … Plus tard ! Tu ne bouges pas que je puisse regarder ta poitrine. Ouille ! Là, tu ne n'es pas ratée. Le téton ! Tu as fait ça avec quoi, bon sang ? Tu as un rasoir caché dans le lit ? Des ciseaux ? Un couteau ? Je veux que tu me donnes ça tout de suite, Anne !

— C'est avec mes ongles !

— Anne … Mais non, enfin ! Tu es partie en vrille et pas qu'un peu, tu t'es vraiment mutilée ! Le médecin arrive, il demandera peut-être une ambulance s'il ne sait pas faire les sutures ! Car il faut obligatoirement te recoudre le téton. Et pour toutes les griffures, il faut que je nettoie pour voir la profondeur et désinfecter. Les ongles sont de véritables nids à saletés. Tu peux commencer à serrer les dents, les minutes à venir seront pénibles.

« Si j'ai mal, mon cœur lâchera peut-être, comme à l'hôpital. Ici, ils ne parviendront pas à me faire redescendre et je resterai avec la lumière. »

— Je m'en fiche, ça m'apprendra. Fais ce que tu penses devoir faire. Tu pourrais rester, s'il te plaît ? Je ne parlerai pas au médecin, répéter encore et toujours la même chose, c'est terminé. TOUT ME FAIT CHIER ! Et je ne veux pas d'anesthésie, même s'il faut me recoudre. Et s'il veut m'hospitaliser, je refuse. C'est non et je me défendrai. Si l'un de vous me trahit, je me tue à la première occasion. Je peux même m'arrêter de respirer si vous m'attachez. Je ne suis pas folle, j'ai simplement le droit de décider de mon sort.

— Tu sais que tu as un caractère de cochon ? Mais ne t'inquiète pas, je reste près de toi quand même. C'est moi qui répondrai aux interrogations. Mais j'ai une condition, Anne. Tu te laisses faire ! Si tu te débats, je rentre chez moi. Je t'en donne ma parole. D'accord ?

— Compris. Souviens-toi que je ne veux pas lui parler. Aide-moi, s'il te plaît ! Véronique, je ne me sens pas partir, mais j'ai de plus en plus mal. J'ai raté. Si tu pouvais faire je ne sais pas quoi … j'ai un sein affreusement douloureux. Quelle imbécile je suis ! S'ils veulent m'interner à cause de ce que j'ai fait, tu leur diras que je veux rester ici, que c'est juste une colère stupide, sinon, je me supprimerai, je le jure Véronique. Je ne veux pas aller chez les fous.

Véronique se rendit dans la salle d'eau et prit le nécessaire pour prodiguer les premiers soins en attendant le médecin. Elle retira son tee-shirt à Anne qui grimaça, puis commença à nettoyer le sang afin de voir ce qu'il en était. Lorsque le médecin arriva, les plaies étaient nettoyées, mais le bout de sein continuait de saigner abondamment.

— Bonjour, Madame Lecrès. Au vu des blessures, je suis content de vous avoir là. Il y a eu dispute, bagarre, agression ? Madame Técou ?

« Tu peux toujours jouer au docteur qui a de l'autorité ! Ça fonctionne sans doute dans tes manuels, mais moi, je t'emmerde ! »

— Je parlerai pour elle, car malheureusement, je ne pense pas que vous obteniez beaucoup de réponses. Elle est sous le choc.

« Merci, Véronique. En plus, il m'énerve. »

Ils décidèrent de réaliser les soins sans l'hospitaliser et les mains expérimentées de Véronique s'avérèrent de précieuses alliées pour le médecin plus habitué au stéthoscope et à l'ordonnancier, qui constituait son quotidien de consultation, qu'à la seringue, aux points et à la chair à remettre en place.

« Oh, mon Dieu que j'ai mal ! Il me recoud comme un pantalon ce crétin, ça doit l'exister de me percer le téton ! Pervers. Et il me tripote le sein. Connard. Ne te gêne pas, malaxe. Saleté de mec. Je dérouille, mais je ne lâcherai rien ! Je risque de vomir ! Ça me porte au cœur, j'ai trop mal ! »

Une fois pensée et recousue, Anne fut auscultée et finit par s'endormir sans avoir prononcé un mot.

— Elle a un sacré cran, cette femme. Se faire recoudre les trois quarts d'une aréole sans anesthésie locale et sans un cri ni un souffle ! Impressionnant !

— Elle a une volonté et une force de caractère hors norme, mais ne vous y trompez pas, je l'ai observée et je sais qu'elle a souffert le martyre. Je pense qu'elle le voulait pour se punir, et elle y est parvenue. Regardez son corps, elle est en sueur.

— Vous en pensez quoi, Madame Lecrès. Vous la suivez d'assez près si j'ai bien compris.

— Oui, mais pas de souci, je reste à ma place, je ne suis pas médecin.

— Mais je n'ai fait aucune allusion en ce sens, rassurez-vous. J'ai une grande estime pour le travail que réalise une bonne infirmière. Sérieusement, donnez-moi votre avis. Vous vous doutez que nous devons prendre une décision grave et il n'est plus temps d'attendre. Ce n'est pas le mari qui peut donner un avis objectif.

— Je pense effectivement que le moment de prendre une lourde responsabilité est arrivé ! Elle est en difficulté. Ces derniers jours, je me suis laissée attendrir et me suis prise à croire à une sortie rapide possible. Elle se portait bien, gérait à peu près correctement les crises et assumait la difficulté relationnelle avec son entourage. Mais là ! Ce niveau de mutilation et avec les ongles ! Imaginez qu'elle ait eu un couteau sous la main ! Je dois vous dire que Paul m'avait téléphoné en tout début de crise pour que je comprenne ce qu'il affrontait. Je suis arrivée presque tout de suite tout en écoutant ce qui se passait au téléphone. Elle nous a fait une vraie crise. Chantage au suicide, automutilation, cris d'hystéries, mal-être, absence d'attachement affectif…

— Vous vous doutez de la nature de mon hésitation ?

— Oui, internement ou dosage médicamenteux pour la mettre hors d'état de se nuire ! C'est normal.

— Précisément. J'assumerai seul la décision, mais je voudrais néanmoins votre avis. Vous l'avez observée pendant…

— Plusieurs centaines d'heures depuis son réveil à l'hôpital. Et beaucoup plus alors qu'elle était absente.

— C'est conséquent. Je l'ai vue moins de deux heures ! Je vous écoute.

— Il y a un problème sérieux. Elle ne peut pas rester seule et pas seulement dans la maison, comprenez bien, il faut la surveiller ! Une fois cela posé, nous avons à choisir l'environnement. L'internement est le plus sécuritaire et le plus facile à mettre en œuvre. Mais elle ne guérira que sur du long terme, ou jamais, et pour parfaire le tableau, elle m'a juré que si elle était internée, elle se suiciderait ! Elle nous a offert une démonstration de sa volonté. Personnellement, et étant donné son contexte, je tendrais vers jamais, elle sera perdue. Au domicile, cela sera compliqué d'arriver à obtenir la surveillance nécessaire, donc, je ne vois pas trop de solutions.

— Je la crois en effet capable de se suicider.

— Mais, ces jours-ci, elle et moi tenions des discussions cohérentes et pertinentes. Elle analyse sa situation avec lucidité. Je n'ai aucun doute, si elle doit guérir, c'est dans sa maison qu'elle le pourra. En quelques mois, certes, mais j'en suis convaincue. Je dirais six mois de galères et dix-huit mois de convalescences. C'est le tarif minimum.

— Je suis d'accord. Je vous propose que nous tenions une réunion avec Monsieur Técou afin d'examiner les solutions de prises en charge. S'il a une possibilité, je me fierai à votre jugement que je partage dans l'analyse et que vous avez validé par le vécu. Vous accepteriez de me soutenir dans la gestion ?

— Oui, pas de souci. Je serai là. En tant que voisine et amie, mais aussi en tant que regard médical. Vous aurez un suivi objectif.

— Merci pour elle, et merci pour moi. Vous savez que c'est lourd.

— Oui, pour moi aussi, c'est terrible. J'ai toujours eu de l'admiration pour cette femme. Elle était pour moi le modèle à suivre et elle a offert à ma fille une chance extraordinaire. Comme ça, par gentillesse, car elle irradie les autres de son aura, parce qu'elle est, était, Anne !

— Je la connais. Je sais ce dont vous parlez. Nous y allons ?

Le médecin, après avoir demandé sa permission à Paul pour que Véronique assiste à l'entretien, lui fit un bilan de la situation et lui demanda ses disponibilités et possibilités. Conscient de l'importance de sa réponse, et après un temps de réflexion, il demanda un délai de quelques heures, le temps pour lui de s'organiser et d'évaluer avec réalisme ce qu'il pouvait assumer durablement. Le praticien lui donna son accord sur un délai de trois heures, après quoi il serait contraint de prendre une décision, car le calmant commencerait à perdre de son efficacité. Celui-ci parti, Paul commença à organiser la réflexion :

— Véronique, pourrais-tu rester encore quelques minutes, s'il te plaît ? Jérôme dira que nous commençons à être envahissants, mais j'aurais souhaité que tu puisses m'épauler dans le choix de ce qu'il faudrait mettre en œuvre, car c'est à partir de là que la décision pourra être validée.

— Je téléphone à mon cher mari pour le prévenir et ne t'inquiète pas, je ferai au mieux pour vous aider.

Dans le même temps, il téléphona à Lise pour lui demander de venir immédiatement, ce qu'elle fit. À peine arrivée, ils s'installèrent tous les trois autour de la table de la cuisine pour parler de leur actualité : Anne.

Paul exposa à Lise la raison de sa présence, n'hésitant pas à être précis sur la gravité de la décision qui en découlerait. Mais, avant qu'il ne puisse achever son exposé, Lise se leva tel un ressort en décompression lorsqu'elle apprit qu'Anne était blessée et monta en courant à l'étage avant que les deux autres n'aient la présence d'esprit de l'en dissuader. Elle trouva Anne profondément endormie, ramassa le tee-shirt ensanglanté posé sur le chevet et souleva le drap pour chercher les blessures. En voyant le poignet bandé et la poitrine couverte de gaz, Lise remua Anne avec douceur pour la réveiller et lui demander ce qui s'était passé, mais son corps restait totalement dépourvu de réaction. Elle la secoua plus fort, mais rien ne semblait pouvoir la tirer de son sommeil. Dépitée, Lise s'en retourna dans la cuisine, jeta le vêtement ensanglanté sur la table et se rassit, blême, tremblante, les joues creuses, soufflant difficilement, en proie à une crise de nerf sans larme :

— Je veux des explications. C'est quoi, ça ? Vous êtes inconscients ou quoi ? Qui a laissé Anne s'infliger ça ? Qui ? Voilà trente ans que je veille sur elle et jamais il ne lui est arrivé quoi que ce soit. Je l'ai laissée se faire voler à moi par une saleté d'homme ! Je l'ai laissée me frapper à en perdre connaissance plutôt que de lever la main sur elle ! J'accepte la souffrance de la solitude pour veiller sur elle ! Et qu'avez-vous fait ? Vous saviez qu'elle était dans la nécessité, car vous le saviez ! Je m'absente quelques heures et voilà ? Et en guise de mea-culpa, vous voulez disserter sur son internement ? Mais, vous réalisez ce que vous osez et me demandez ? Vous croyez qu'il est possible de débarquer dans la vie des autres et tout foutre en l'air ? Répondez-moi bordel, ayez ce courage, qui a laissé faire cette ignominie ? Et surtout, oubliez que cet un accident, ce n'en est pas un.

Ils firent silence afin de laisser du temps à Lise pour se reprendre. Paul fixait la table, les yeux rougis par la violence de l'assaut. Véronique, embarrassée d'être prise à témoin dans un règlement de compte entre les deux amoureux d'Anne, frottait machinalement ses paumes sur ses cuisses, puis, elle prit l'initiative de donner les détails de ce qu'Anne s'était infligée. Après quoi, elle expliqua avec tact qu'il avait été nécessaire de l'endormir. Paul en profita pour enchaîner :

— Lise, je réalise le sens de tes propos, de ta colère et de ta révolte, je suis son mari ! J'ai besoin d'aide. Même si elle l'ignore, Anne compte sur nous. Je t'ai appelée, car je ne concevrais pas que tu ne participes pas à cette décision !

— Donc, vous m'avez demandé de venir pour décider de ce qu'il adviendrait d'Anne ? Sans qu'elle puisse donner son avis ? Mais … Vous êtes ravagés tous les deux ! Je ne peux pas faire une chose pareille ! Parler d'Anne en ces termes n'est même pas une hypothèse. Je la prendrai avec moi de force et nous nous sauverons. J'ai de l'argent, des amis pilotes, nous disparaîtrons, c'est tout. Vous n'y toucherez pas et je la sauverai.

— C'est dur, d'où mon besoin de soutien. Tu acceptes de m'aider ? J'en ai besoin, Lise, même si cela te coûte. Et pas demain ou … C'est maintenant. Pense à elle. Tu as vu dans quel état elle est ? Elle s'est mutilée avec les ongles ! Et pour répondre à ta question, j'étais auprès d'elle lorsqu'elle a fait ça dans sa chambre. J'étais là, Lise, dans la même pièce. Elle m'a dit qu'elle voulait mourir et voilà ! Tout est allé vite, je n'ai rien pu faire ! Elle s'est même débattue !

— C'est du délire ! Commencez, montrez-moi la voie, j'assumerai, Anne le ferait pour moi. Mais c'est un cauchemar.

Véronique fit le point sur les différentes options avec ce qu'elles supposaient comme conséquences, ce qui l'amena naturellement à poser les deux hypothèses :

— Je pense qu'ayant bien sûr plus de recul que vous deux sur la situation et son aspect éminemment dramatique, il m'incombe logiquement de poser les questions difficiles et d'énoncer ce qui ne pourra pas l'être par vous. Je tiens à ce que vous n'oubliez pas que je le fais dans cet esprit et que, si je me fais parfois l'avocat du diable, c'est uniquement avec cet objectif ! Sachez que pour Anne, je me suis beaucoup dévouée, parce que je la connais, parce qu'elle avait besoin de moi, parce que Lise me l'a demandé, parce que Paul avait besoin de moi, et enfin pour une raison que vous ne connaissez pas, mais … Je me dois de vous avouer que depuis toutes ces années où je n'étais que votre voisine, Anne a toujours représenté une sorte d'idéal féminin pour moi, un modèle dont je n'étais pas jalouse, mais juste admirative. Elle est celle que je rêvais d'être en étant enfant, et la voir à terre m'est insupportable. Alors voilà … j'arrête, sinon, je pleure !

— Interdit ! Si tu craques, nous serons trois en larmes et Anne a besoin de nous.

Paul poussa une boîte de mouchoir au milieu de la table et Véronique essuya ses yeux. Lise aussi. Paul tenta de résister, mais dut à son tour éponger les larmes sur ses joues.

— Tu as raison, Paul, c'est suffisamment compliqué. Donc, je pense qu'il faudrait la garder à la maison pour augmenter ses chances de finir de guérir. Mais, et ne le prenez pas mal, vous me connaissez. Ce qui est arrivé à plusieurs reprises à Anne est la preuve de l'existence de la difficulté et de la nécessité de trouver une solution.

— Tu parles de quoi en disant cela ? Sa maladie ?

— Non, Lise, les défauts de surveillance ! Je suis votre amie, mais je dois aussi m'exprimer en professionnelle. Tu sais qu'Anne a eu à subir une crise parce que tu t'es endormie, une autre parce que Paul a utilisé les mauvais mots, et une avec mutilations dures. Croyez-moi, je l'ai soignée, c'est corsé ce qu'elle s'est infligé. Une fois de plus, nous sommes de nouveau dans un défaut de surveillance et de gestion. Et je suis réaliste, je ne connais certainement pas tous les incidents. Alors le fond de notre réunion est celui-là ! Disposons-nous de la capacité à mettre en œuvre le nécessaire pour qu'Anne soit aussi en sécurité que si nous la faisions interner.

— Interner ! Je le savais, c'est bien un cauchemar. Nous parlons de faire enfermer Anne. Je craque. Désolée.

— Véronique est simplement lucide, et ce n'est pas se flageller que de reconnaître que nous ne sommes pas des professionnels de la santé ni n'avons la capacité à offrir une surveillance continue à une personne pouvant se nuire. Lise, elle a raison, nous avons fait de notre mieux et pouvons en être fiers, mais cela ne suffira pas.

— Je quitte mon travail dès demain. Mon choix est fait, je démissionne. Anne a besoin de moi. Depuis petites, si l'une est dans les ennuis, l'autre plante tout pour l'aider, même un amour. Donc je décroche pour me consacrer à Anne.

— Doucement, Lise. Je suis à l'hôpital toute la journée, tu le sais. Nous y sommes organisés en équipe de professionnels pour arriver à gérer. Il faut prendre de la distance, prévoir d'être soi-même malade, fatiguée, énervée, d'avoir besoin de repos la nuit alors que ta patiente aura dormi toute la journée et sera éveillée ! Etc.

— En effet. Véronique, ni Lise ni moi ne sommes à même de prendre une décision cohérente et fiable en la matière, car nous n'avons aucune expérience. Alors je te pose la question. Si tu penses qu'Anne a sa chance de guérir en restant ici, comment devons-nous faire ? Guide-nous, et sois assurée que si tu te trompes, nous ne te le reprocherons jamais !

— C'est certain et c'est une promesse, Véronique. Véro, Paul, je voudrais que vous acceptiez mes excuses pour ce que j'ai balancé tout à l'heure. J'ai craqué. Pardonnez-moi.

— Laisse tomber, nous le savons. Il lui faut une assistance médicale à domicile. Paul, tu dois organiser la vie de la maison avec une présence hyper efficace. Si tu ne peux obtenir un accompagnement médical qu'en ton absence, ce qui serait déjà bien, ajoute une caméra dans la salle de bain, aux toilettes, dans la chambre, la piscine, partout ! Si tu peux aller plus loin, prend un contrat d'aide à domicile pour obtenir un suivi réalisé par une équipe. Il te faut avoir les moyens d'assumer financièrement pendant trois à six mois.

— Tu peux m'aider à organiser ? Si tu m'aides, je ferai ce qu'il faut.

— Mais, et moi alors ? Je veux l'aider et je paierai aussi. Paul, je veux payer ma part.

— Vous règlerez cela sans moi. Toutefois, Lise, permets-moi un avis. Si Paul peut la prendre en charge matériellement, alors laisse-le faire, car il est son mari. Toi, tu dois offrir à Anne ce que Paul ne pourra jamais lui apporter, comme les racines de son enfance, le lien avec sa famille et la douceur de l'amour d'une femme. Une femme, qu'elle le veuille ou non, est porteuse de l'image de la mère qui sommeille en elle. Il faudra aussi penser à Paul, qui aura des moments compliqués à gérer. Elle n'aura aucune affection à lui offrir pendant des mois, et cela autant pour l'affectif que pour l'aspect intime de la relation conjugale. Pourtant, Paul devra continuer à manger, boire, dormir, assouvir, etc. Je suis persuadée qu'il sera rejeté plus violemment que toi pour l'affectif, car il est le conjoint !

— D'accord ! Je suis perdue et fragilisée, il ne faut pas me secouer trop fort. Paul, tu es d'accord ? Nous la gardons à la maison, n'est-ce pas ?

— Oui. Avec l'aide de Véronique pour mettre en place ce qu'il faut, nous nous en sortirons. Je tiens à vous dire combien j'apprécie votre aide, et je voudrais aussi que vous sachiez que pouvoir aider Anne à s'en sortir est pour moi le plus important. Je l'aime. Je suis réaliste, sans vous, c'était terminé. Je l'aurais perdue. Il n'y a aucun doute à avoir sur cette question, donc vous imaginez …

Paul eut du mal à poursuivre, car sa voix s'emplissait d'une émotion qu'il avait du mal à contenir et les larmes en témoignaient. Après avoir pris un verre d'eau, il reprit :

— Vous imaginez mon degré de reconnaissance. Je ne pourrai pas vous restituer ce que vous m'offrez, jamais. Merci ! Lise, après Anne, tu es la plus belle rencontre qui me soit arrivée de faire, Véronique connaît notre degré d'intimité, je n'en ferai donc pas abstraction, tu es une femme formidable et je suis fier d'avoir ton affection. Et toi, Véronique, tu es la plus belle rencontre de ma vie non amoureuse. Tu es une femme absolument extraordinaire et je suis confus d'avoir dû attendre d'être dans le besoin de toi pour le réaliser. Alors merci et pardonne-moi, je me suis mal comporté.

— Je te dirais bien de te taire, Paul, mais pour être honnête avec toi, tu me fais un grand plaisir. Je suis touchée que tu puisses penser cela de moi, car Anne et toi êtes un couple merveilleux et apprécié, je dirai même envié, et … cela me flatte, je le reconnais.

— Moi, je ne dirai rien parce que je pleure. Voilà ! Je suis la blonde qui sanglote tout le temps en ce moment, alors … Mais j'en ai marre de toutes ces larmes !

— J'ai en vous deux des amies véritables et sincères et je voudrais solliciter vos oreilles pour essayer de m'alléger d'un fardeau en le partageant. Par rapport à la santé d'Anne, c'est secondaire, certes, mais voilà ! Comme tu le disais avec tant de clairvoyance, Véronique, je suis déjà dans la détresse affective. Je me raisonne, mais la solitude plus la perte de son affection me mettent dans une difficulté que j'ai du mal à gérer. J'ai peur qu'elle ne m'aime plus et que même une fois guérie, elle n'ait plus de sentiments pour moi. Ce qui ne m'empêchera pas de faire au mieux pour l'aider. Alors, si vous avez une idée de ce que je pourrais faire pour sauver mon mariage, n'hésitez jamais à m'en faire part. Voilà, c'est tout. Excusez-moi de vous parler de moi en ce moment, mais cela me fait du bien. Lise, arrête de pleurer bon sang, tu me fais pleurer aussi et moi, je suis un macho, donc je ne pleure pas !

— Je réponds avant toi, Lise. Mon cher Paul, tu as raison pour deux choses et tort pour une ! Le score reste positif. Tu as raison lorsque tu précises avoir près de toi deux vraies amies. Tu as raison de te confier à elles, car partager c'est être moins seul et mieux résister. Mais, tu as profondément tort de t'excuser, car c'est vexant pour nous.

— Véronique a parlé pour nous deux.

— Alors je dis affectueusement merci aux deux merveilleuses femmes que vous êtes.

— Paul, Lise, une dernière chose, car je dois y aller, sachez tous les deux que pour affronter ces chocs affectifs et émotionnels répétés, il est normal et souvent souhaitable d'avoir un soutien médicamenteux. Il est préférable de demander un cachou qui détend et aide à tenir la distance que de faire plouf et de ne plus pouvoir aider, en devenant du même coup une nouvelle charge à assumer pour les autres ! OK ? Paul, appelle le médecin, il attend.

Véronique se retira en leur faisant une bise affectueuse.

— Elle est vraiment bien Véronique, n'est-ce pas, Paul ? Je suis contente de l'avoir comme amie.

— Tu sais, au fil des années qui passent, je réalise que prendre le temps de découvrir les gens, ou même de le faire dans une nécessité comme là nôtre, cela mériterait que nous y consentions bien des sacrifices. C'est la véritable richesse de la vie ce genre de rencontre. Et je dois t'avouer une chose que je ne pourrais pas dire à Anne, car c'est une jalouse avérée. Je pense que la vie est faite pour tomber amoureux perpétuellement. Comment voudrais-tu ne pas aimer une femme telle que Véronique lorsque tu découvres qui elle est ?

— Je comprends ce que tu exprimes et je pense la même chose. J'ai choisi de consacrer ma vie à Anne que j'aime. Pourtant, bien que tu sois un homme, je suis ton amiteuse. J'ai découvert Véronique et commence à en être amoureuse. Tu te souviens de Thomas, qui nous avait aidés contre l'écrivain taré ? Je peux te le confier à présent. J'étais un peu amoureuse de lui. Si j'avais été hétéro, je pense que j'aurais tenté ma chance ! Pourtant, mon amour pour Anne est intact. Parfois, je pense être anormale, car je suis un cœur d'artichaut.

— Je me plais à croire que tu l'es et le resteras. Je suis convaincu que c'est ne pas avoir cette capacité à aimer qui est un handicap affreux ! Quelle vie triste cela doit être. Anne n'est pas une communicante acharnée sur ses sentiments ni sur ses pulsions, du moins avec moi, mais je suis certain de son amour, autant que je le suis qu'elle t'aime !

— La précision me comble. Dès qu'Anne est rétablie, je consacre une part de mon énergie à rendre heureux ceux que j'aime et à m'ouvrir aux autres. Si je passe pour la folle de service … tant pis ! Je serai la cinglée la plus comblée, c'est tout.

Le médecin arriva comme prévu. L'instant était grave et ils firent un point précis sur ce qui serait mis en œuvre, en précisant bénéficier du soutien de Véronique. Lorsqu'il acquiesça, Lise grimaça ses pleurs et Paul soupira profondément pour chasser les siens.

Il rédigea une ordonnance, compléta un dossier et nota dans son agenda les visites des prochains jours. De nouveaux seuls, Lise et Paul s'observaient, exténués et sonnés par ces heures qui labouraient leur vie, en partageant le sentiment d'avoir vécu dix ans en quelques semaines, passant à une vitesse folle.

— Bon ! Paul, pour finir la soirée sur une note plus légère, ce qui n'est pas difficile à envisager, je te propose de visionner un DVD que je t'ai acheté sur internet. Je l'ai reçu hier.

— Lise, tu es adorable de te soucier de moi, mais j'ai les images d'Anne se mutilant devant les yeux en permanence. Je l'ai vue tenter de s'ouvrir les veines, Lise, j'étais vraiment là, je te l'assure.

— Je n'en doute pas, Paul, j'étais en chute libre. Excuse-moi.

— Tu aurais vu la vitesse à laquelle le sang se répandait sur son tee-shirt ! C'est d'une violence … J'arrête, je ne veux plus pleurer pour aujourd'hui. Lise, je suis confus, mais je n'ai pas trop la tête à ça.

— Tu l'auras, ne t'inquiète pas. Anne dort paisiblement et elle compte sur nous pour la suite. Alors nous devons être en forme, disponibles et concentrés. Le titre devrait te suffire pour comprendre l'histoire, l'intrigue, le suspens, le dénouement et tout le reste : « La blonde, la brune et le veinard ». Je ne reste que cinq minutes et je file me coucher.

— Lise, avec le film demain et pour ce soir un chaste câlin, vautrés sur le canapé en écoutant une musique sympa, tu resterais plus longtemps avec une saleté de mec complètement perdu ? Je suis paumé, Lise, ma vie s'est effondrée.

— J'y avais pourtant mis le ton, mais la méthode à ses limites. Je ne suis pas mieux que toi. Je reste. Tu as des boîtes de mouchoirs ?

CHAPITRE 9

Vingt-quatre heures après la tentative désespérée d'Anne ayant abouti à son automutilation. Seize heures.

« J'ai fait un somme incroyable ! Combien de temps ai-je pu dormir ? Il doit être tard, car je me sens pâteuse. Quelle heure peut-il être ? Je me tourne pour voir. C'est étrange, car j'ai l'impression d'être en apesanteur et tout est au ralenti. Que m'arrive-t-il encore ! Ouah ! Que c'est douloureux ! J'ai le sein très endolori ! Je ne peux pas me mettre sur le flan. Bon. Il fait noir en plus, je fais comment ! Je pourrais appeler, il y a sans doute quelqu'un en bas. Mais non ! Je suis bête, il me suffit de me tourner de l'autre côté, cela me soulagera et je me rendormirai. Ouah ! Mais, j'ai les seins écrasés ou quoi ? J'ai dû tomber à plat ventre. Ah ! Je ne suis pas seule, quelqu'un me caresse le front, dont la peau est devenue granuleuse. Ou alors c'est une grosse main. Je suis incommodée, je me sens nauséeuse. Vous pourriez m'aider à m'asseoir ? »

— Ouu pouéééé évé !

— Bonjour, Anne. Vous sortez du sommeil, Anne. Vous vous portez bien et nous sommes au calme. Prenez le temps de vous éveiller, Anne, sans efforts inutiles. Je suis à côté de vous et je ne bouge pas.

« C'est spécial cette insistance à me répéter mon prénom. À croire qu'elle me prend pour une folle ! Heureusement que je ne suis pas susceptible. Ce n'est ni Lise, ni Paul, ni Véronique et je ne reconnais pas la voix ni cette main énorme ! Une douce intonation de femme associée à une grosse pogne calleuse ! C'est drôlement bizarre. Je sais ! Je suis à nouveau à l'hôpital. J'ai eu un problème et je suis revenue dans ma chambre, mais ce n'est pas Véronique qui est de service. Cela a un sale goût de déjà vécu. J'ai peut-être rêvé être sortie. C'est insensé ce que je peux avoir mal aux seins. L'air manque d'air ! Il est épais. Ces cheveux qui me collent partout, c'est insupportable. C'est quand même particulier qu'un hôpital ne puisse pas acheter des draps normaux. Cette toile de jute est exaspérante. Que c'est bon ! Mon gant de toilette est mon sauveur. Il sait me détendre et me reposer. Je suis bien. Vraiment. J'ai déjà sommeil. Je crois qu'un petit sommeil me fera du bien. »

Dix-huit heures plus tard.

« J'ai faim. Je me lève. Aie ! C'est quoi encore ça ! J'ai mal au poignet. Je suis habillée ou pas ? Aie ! Mes seins ! Je crois me rappeler d'une histoire de chute sur le ventre. Mais j'ai comme un mauvais pressentiment. Je subodore qu'une découverte pénible est imminente. Eh oui ! Fatalement, je me souviens. Ah d'accord ! Effectivement, c'est désagréable. Je ne suis pas tombée, je me suis lacéré les seins, seule ! Et là, je suis dans le potage parce qu'ils m'ont piquée, c'est sûr. Et c'est logique, j'aurais pris la même décision étant donné ce que j'ai fait. Il faut que je les touche, je dois être pleine de pansements. Mais alors, où suis-je ? Ils m'ont peut-être fait interner ! Je suis folle, donc je suis chez les fous, c'est normal. Bon. Pas de panique, je conserve mon sang-froid. Je me sens presque sereine. Je n'ai plus d'angoisse ni de peur et je suis confiante. Il faut que je dise que je me porte bien et que je ne suis pas folle. Je ne veux pas rester chez les fous, ce que j'ai fait est stupide, c'est vrai, mais je ne recommencerai pas. »

— hééhé ouuoeueé chiiiiiii !
— Vous voulez me parler, Anne, je vous entends. Surtout, ne vous impatientez pas. Pour l'instant il n'est pas possible de vous comprendre, car vos paroles ne correspondent pas à ce que vous pensez, mais vous n'avez aucune inquiétude à avoir, il faut laisser le temps à votre corps d'évacuer le calmant. Essayez de lever le bras droit.

« Si vous étiez la première à me tenir ce genre de propos … Je ne suis pas dupe, je comprends ce que vous voulez valider, mais tout de même ! J'ai pété un câble, certes, mais je ne suis pas une attardée mentale ! Mettons, ce n'est pas grave, je me plie au jeu sinon elle le croira que je suis foldingue. Je ne le lève pas vraiment beaucoup, mais je le bouge, ça ira comme ça ? »

— Ce n'est pas important, vous y arriverez plus tard, Anne. Vous avez reçu un sédatif puissant pour vous aider à retrouver le calme.

Le lendemain matin, vers huit heures.

« J'ai fait un gros somme. Je n'ai pas idée de combien de temps, mais j'en ai le dos endolori et je me sens cotonneuse. Je me tourne sur le côté pour soulager mes muscles et je regarde la pendule. Aie aie aie, ça fait mal ! Je sais, ma poitrine ! Tant pis, ça m'apprendra. Je me suis infligée ces blessures seule, à moi d'assumer. Et voilà, j'y suis arrivée ! Je sais mépriser la douleur. Je pourrais peut-être m'asseoir, c'est parti. Je pivote doucement jusqu'au bord du lit, et en me redressant avec précaution, je me trouverai assise. »

— Vous voulez vous lever, Anne ? Vous vous sentez prête ?

— Humm !

— Un instant, je vous libère et je vous aiderai.

« Eh oh ! C'est quoi ce délire ? Elle m'écarte les cuisses pour me tripoter. Il lui manque une case ou quoi ? Ouah ! Ce n'est pas vraiment douloureux et ça soulage ! »

— À présent, je vous guide à peine afin de vous laisser agir à votre rythme. Vos jambes plus au bord. Serrez ma main pour vous redresser. C'est parfait.

— Oui !

Après quelques instants d'efforts, Anne se tenait assise, essoufflée avec un léger tournis, mais la profondeur de son soupir semblait traduire sa satisfaction d'être parvenue à ce résultat.

« Pourquoi restons-nous dans une obscurité pareille ! Je ne dois pas voir où je me trouve ? Ça doit être pour me protéger. Mais j'ai compris, je suis chez les fous. »

— Je suis calme, Madame. Je voudrais me lever, juste pour bouger un peu. J'en ai besoin. Je ne ferai rien d'autre, Madame.

— J'ai entendu votre demande, mais aussi votre angoisse. Toutefois, et ce n'est pas un ordre, mais juste un avis, vous pourriez essayer d'ouvrir les yeux. Soyez rassurée, il n'y a rien de stressant dans les parages. Je suis plutôt sympathique.

« Ouvrir les yeux ? Ah bon ! Je croyais qu'il faisait noir. Quelle nouille. Je les ai effectivement fermés. Bon, je lève les paupières. Mais si je suis chez les fous, je fais quoi ? Je pourrais lui jouer la comédie et passer pour une débile afin d'endormir son attention et en profiter pour me sauver ! Sinon, je me recouche ! Ou alors, je me mets à hurler que je ne suis pas folle ? Bon, j'aviserai, de toute façon je ne suis pas cinglée. C'est parti. Ouah, c'est flou ! Mince alors, c'est quoi encore cette histoire ? C'est ma chambre ! Je suis à la maison ! Oh mon Dieu, merci de m'épargner. Quel soulagement. Et voilà, je pleure encore, c'est reparti ! »

— Je suis là, à votre gauche. N'ayez pas peur. Vous n'avez pas fini d'éliminer le somnifère. Calmez-vous.

— J'évacue toujours par les yeux. Bonjour, vous êtes ?

— Ravie, Anne. Je suis Caroline, infirmière personnelle à domicile. Je veille sur vous jusqu'à ce soir. Je suis contente de vous voir éveillée.

— Infirmière personnelle ! Ah ! C'est plus agréable. Enchantée. J'ai la tête cotonneuse. Paul et Lise sont en bas ?

— Pour ce qui est de Paul, il est en déplacement depuis hier et sera de retour ce soir. Lise est à son travail et devrait rentrer vers quatorze heures trente. Pour le flou qui doit baigner vos pensées, ne vous inquiétez pas, c'est votre traitement qui agit. Il faudra encore deux jours pour que l'effet de brouillard commence à s'estomper. Pourquoi pleurez-vous ?

— Je suis soulagée de ne pas être … de me trouver à la maison. Alors comme ça, vous êtes là pour moi !

— Oui, pour vous seule ! Avec deux autres collègues, nous avons instauré les trois-huit. Je suis Caroline, il y a eu Maï cette nuit et Delphine hier. Vous serez avec Delphine à partir de minuit, puis Maï arrivera le matin, et vous me reverrez en fin de journée, ainsi de suite.

— Une escouade d'infirmières pour moi ! Je vois, j'assimile. Donc, il est acquis que je suis sous haute surveillance. Seriez-vous si nombreuses parce que je serais … cinglée ? Ou dangereuse ?

— Quelle drôle d'idée, vous avez dû faire un cauchemar. Vous n'êtes pas plus aliénée que moi, et je me sens plutôt bien !

— Donc, je ne suis pas chez les fous et je ne suis pas folle, OK ! Pour l'instant, les informations me conviennent. Permettez que je vérifie quelque chose ?

Elle observa son poignet puis releva son tee-shirt jusqu'aux épaules et regarda sa poitrine couverte de pansements.

— D'accord, je suis dans la réalité. Je suppose que vous connaissez la raison pour laquelle j'ai les seins dans cet état ?

— Vous vous êtes mutilé la poitrine et un poignet.

— Bon ! Nous sommes dans la phase normalisation. J'intègre. Curieusement, je gère, je me sens bien, molle et dans le potage, mais sereine. Vous avez peur de moi ?

— Je n'ai pas envisagé cette hypothèse. Vous pensez me frapper ?

— Non ! Je suis libre ? Pas trop ? Ou … pas du tout ?

— Vous l'êtes totalement. Majeure et autonome aussi.

— Bon ! Cela se présente à priori pas trop mal. Pour ma contrainte matinale, je suppose qu'une étape est prévue ? Vous n'êtes pas là pour la décoration, donc, comment est-ce organisé ?

— Je vous offrirai mon bras pour vous soutenir et nous prendrons le temps qu'il faudra. La priorité est à la détente et à vous. Ensuite, et puisque vous serez debout, je vous proposerai un brin de toilette, et si vous avez encore des forces, nous aviserons.

— Nous progressons, ma situation se précise ! J'imagine qu'il est inutile de vous certifier que je suis apaisée, que je ne ferai pas de bêtise au petit coin et que je peux me doucher seule !

— Je suis impressionnée par votre vitesse de récupération, Anne. Vous avez déjà retrouvé une grande justesse d'analyse.

— Vous êtes maligne et marrante. Bon, l'heure de la collaboration est venue. C'est moi quoi ai dérapé, sérieusement, alors je ne vous empoisonnerai pas la vie. J'apprécie votre gentillesse. Pour information, Caroline, je souffre suffisamment pour ne pas envisager de renouveler l'exploit.

— C'est douloureux à quel point ?

— J'ai le poignet qui brûle et les seins en feu. Vous n'aurez pas à vous méfier de moi. Je veux guérir et, à priori, il semble que vos compétences me soient nécessaires. Guidez-moi, s'il vous plaît. Il faudrait nous mobiliser, car le besoin s'impatiente.

— C'est parti.

Anne et son aide étaient de retour dans la chambre. Elle s'assit sur le bord de son lit et demanda à rester ainsi. Elle avait envie de réfléchir à sa situation, mais curieusement n'y parvenait pas. À chaque fois qu'elle construisait une piste de réflexion, tout se refermait.

— Que faites-vous, Anne ?

— J'essaie de comprendre, mais j'ai un problème de concentration. Comme si je n'avais pas de suite dans les idées. Autant attraper une savonnette ronde mouillée.

— N'hésitez jamais à me parler. Je suis là pour vous aider. Vous ne pourrez pas tenir un raisonnement abouti comme auparavant, car vous prenez un traitement efficace pour vous l'interdire. Vous devez uniquement vous concentrer sur vous dans l'instant. C'est l'étape un.

— Bon, encore une info intéressante. C'est quoi ? Anxiolytique ? Antidépresseur ?

— Les deux, mais vous avez changé de produits et de dosages. Vous vous reconstruirez rapidement, car vous êtes visiblement volontaire.

— Normalement, oui. Et je m'exprime comment ? Soyez sincère avec moi.

— Assez lentement avec la voix basse, une articulation parfois imprécise, mais l'élocution est correcte.

— Je ne parle jamais bien vite et j'ai souvent la voix grave. Certains disent sensuelle ! Mais j'ai normalement une bonne élocution.

— Lise m'a beaucoup parlé de vous, notamment de vos yeux que je ne pouvais voir. J'étais impatiente de vérifier ses dires. Je peux vous le confier, Anne, vos yeux gris sont fascinants et beaux. Lise a raison. Croiser votre regard n'est pas anodin ! En mode séduction, vous devez être redoutable. Vous seriez tentée de descendre ? Nous pourrions prendre un thé et faire quelques pas sur la terrasse.

— Tentée … pas spécialement, mais je pense que cela serait raisonnable. Je n'ai pas vocation à virer légume. C'est reparti !

Après un petit déjeuner léger, Caroline proposa de sortir dans le jardin. Anne s'accrocha lourdement à son bras et se laissa conduire.

— Caroline, j'ai peur. Ne me demandez pas pourquoi, mais je panique. Je sens que mes jambes envisagent de me lâcher. Je fais quoi ? Dépêchez-vous.

— Maintenez votre appui sur moi et assoyons-nous tranquillement. Il n'y a aucune raison de s'affoler, je suis avec vous.

— Ne me laissez surtout pas, j'ai vraiment peur. Mes jambes tremblent comme si elles étaient en caoutchouc et j'ai peur qu'une crise arrive. Je voudrais rentrer. Faites quelque chose, aidez-moi, je me sens sur le point de craquer !

— Demi-tour. Demain nous ferons un pas de plus.

— Je dois pleurer, Caroline. Voilà, c'est fait !

— Je suis impressionnée par votre maîtrise, vous gérez votre maladie remarquablement bien. Vous communiquez et vous sentez arriver les ennuis ! Bravo.

— C'est vrai ? Vous ne vous moquez pas ?

— Anne, je suis votre infirmière et mon métier est une vocation. Je ne concevrais pas de pouvoir ni même de devoir vous mentir. Nous devons établir une relation de confiance absolue. Je vous dois la vérité et vous me la devez. Vous avez le droit de savoir et de me questionner, et surtout vous m'alertez comme vous l'avez fait dehors pour ne pas m'induire en erreur. Nous pourrions en souffrir toutes les deux.

— Je me sens si lamentable ! Je ne suis même plus l'ombre de ce que j'étais. J'ai un travail de relation publique que j'aime. À la maison, je sais m'occuper de tout. Je sais recevoir, organiser, animer, séduire, tenir une conversation avec n'importe qui, danser ou marcher en défilant seule devant tout le monde, même en maillot de bain ! Je sais gérer un groupe en situation de crise, car je suis formée à cela, et là … je suis … je suis …

— Malade, simplement ! Vous serez de nouveau vous-même dès la guérison obtenue. Ce travail que vous avez déjà fait pour gérer votre maladie, vous l'avez accompli seule ?

— Non, c'est une amie infirmière qui m'a beaucoup aidée. Véronique. Elle m'a expliqué et enseigné une manière de gérer ma maladie. J'essaie d'appliquer.

— Bien. Nous pourrions nous arrêter au salon et regarder la télévision si cela ne vous fatigue pas trop. Dans une heure, je vous refais les pansements, ensuite je vous masserai et nous préparerons un repas léger.

— Un massage ! Je n'ai pas cassé mon corps, c'est ma tête.

— C'est pour réapprendre le toucher, le contact, afin de ne pas oublier ! Cela peut arriver de ne plus supporter d'être touchée.

— Je me laisse faire, pas de souci. J'ai suffisamment fait de bêtises.

Les tâches prévues furent menées sans le moindre problème. Anne étant fatiguée, elle avait besoin de se reposer et Caroline l'aida à se recoucher. L'infirmière lui fit part de son étonnement quant à sa faculté à s'exprimer et Anne lui retourna un sourire de satisfaction, accompagné d'un aveu. Elle avait tant craint d'être considérée comme folle qu'elle avait déployé une énergie considérable à gérer la conversation et à donner le change.

— Je suis d'autant plus impatiente de vous découvrir guérie, car vous m'avez bluffée.

— Vous êtes gentille, Caroline. Je suis désolée de vous laisser, mais le sommeil est là.

— Ne luttez jamais contre, Anne. Veiller sur vous est jusqu'à présent agréable, alors endormez-vous en paix. Je reste avec vous et je veille sur votre santé. J'ai un livre, je ne m'ennuierai pas. Dormez sans retenue et sereinement.

Le sommeil ne fut pas long à venir et elle ne vit pas Lise lui rendre visite ni Paul rentrer. Elle ne se réveilla qu'une seule fois en pleine nuit, car sollicitée par sa vessie, ce qui lui permit de faire la connaissance de Delphine, puis elle se rendormit jusqu'au lendemain dans le milieu de matinée alors qu'elle était prise en charge par Maï, une jeune femme d'origine asiatique apaisante, qui dégageait naturellement une grande sérénité.

Au fil des jours et des progrès liés au travail réalisé par l'assistance médicale, mais aussi par elle-même grâce à sa volonté, celle-ci affronta les uns après les autres les défis de sa renaissance.

Des gestes du quotidien prenaient une valeur particulière tant il s'avérait compliqué et parfois surhumain de les refaire. Pour un acte auparavant accompli sans y prêter attention, elle devait dorénavant affronter toutes sortes d'incidences, parfois saugrenues. Pour elle, la confrontation avec le monde des autres, c'était fournir des efforts épuisants afin de lutter contre l'envie de fuir, de hurler sa rage, de subir des pleurs répétés, de cacher sa douleur lorsque sa gorge la faisait atrocement souffrir à force de tout retenir, ou encore de perdre l'équilibre lorsque, la fatigue aidant, sa tête chancelait, bourdonnait et tournait. Elle découvrit les difficultés liées à des évènements ne la concernant pas, comme supporter un échange tendu à côté d'elle, accepter la futilité d'autres ou tolérer des points de vue l'indisposant. Un acte qu'elle pratiquait au quotidien avec une maîtrise remarquée était devenu une source de violence : soutenir un regard relevait dorénavant de l'impossible ! Puis elle dû prononcer certains mots terribles et parfois indicibles, comme malade, maladie, dépression, thérapie … Elle y parvenait parfois avec ses aides médicales, mais y perdait son self-control. La reprise d'un début de relation avec l'extérieur fut une douleur épouvantable. Dans cet espace illimité, donc dépourvu de repères protecteurs tels qu'un plafond et des murs, son équilibre n'existait plus et chaque contact avec des gens était un affrontement. Le mouvement de jambes pour créer un pas était le produit de sa volonté et chaque respiration exigeait un effort musculaire. Accrochée au bras d'une infirmière, elle se faisait violence et réapprenait à marcher dans la souffrance, luttant contre le vide qui tentait de l'aspirer, contre les yeux qui la faisaient souffrir jusqu'à lui enlever le souffle, la force et l'équilibre, et faisaient trembler chacun de ses muscles qui voulaient se tétaniser, ou parfois devenir mou. Elle marchait appuyée au bras de son aide, courbée telle une personne âgée et fatiguée, mais en se croyant droite tant elle y mettait des forces. Puis vint le jour où sur un chemin de promenade, elle rencontra une relation de voisinage qui vint la saluer. Maï était ce jour-là son assistante. Anne fit face, sourit presque avec naturel, du moins en eut-elle le sentiment, et elle croisa à plusieurs reprises les yeux qui cherchaient son regard gris. Elle résista en reportant dans sa main la tension qu'elle subissait et serra si fort le bras nu de Maï qu'elle y enfonça le bout de ses ongles sans que la jeune femme n'en laissât paraître la moindre surprise ou douleur, toute au soutien de sa patiente dans son combat solitaire.

L'échange fût rapide, environ deux minutes, mais cela parut si long, si difficile, si effrayant à Anne qu'une fois la personne partie, elle fondit en larmes en prenant avec force Maï dans ses bras pour s'y réfugier.

— Pleure, ma belle, tu as gagné cette bataille, car tu as été merveilleuse de courage. Je suis immensément fière de toi.

— Je suis fatiguée, mais tellement usée ! Je n'ai plus rien en moi. J'ai l'impression que pendant ma lutte, quelque chose m'a aspiré l'intérieur avec une paille. Je suis vide. Je croyais avoir progressé, mais c'était une illusion, je suis fichue. C'est trop dur.

— Tu as malgré tout la force en toi. Tu gagneras et guériras, je le sais, car j'ai vu, ressenti et partagé la puissance avec laquelle tu t'es battue. Ce n'est pas si souvent que cela, crois-moi. Nous rentrons, car c'est suffisant pour aujourd'hui. Je suis extrêmement satisfaite de ta performance et enorgueillie d'avoir été à ton côté pour cette victoire.

— Oui ? C'est vrai ? Merci. Si tu savais comme j'ai besoin d'être soutenue et encouragée ! Maï, j'ignore si je pourrai rentrer. Je ne sens plus mes jambes et je n'arrive plus à leur donner d'ordres. Je sais que c'est étrange, mais c'est pourtant ce qui m'arrive.

— Alors tu reprends mon bras, quoique, non ! Changeons de côté, et tu pourras t'y appuyer aussi fort que tu le pourras.

— Ton bras ? Pourquoi dis-tu cela ? Montre-moi. Oh, mon Dieu ! Tu saignes et tu as des entailles en forme de … ma main ! C'est le dessin de mes ongles et tu n'as rien dit. Tu n'as pas bougé. Je n'ai même pas senti ton bras se tendre !

— Tu étais dans la lutte et j'étais avec toi totalement. Si j'avais ne serait-ce que sursauté, j'aurais pu être la cause de la perte de cette bataille. Et nous l'avons gagnée, Anne ! J'ai pu participer et t'assister. Le reste n'importe pas.

— Maï ! Tu me connais à peine et … Je pleure encore ! Merci, c'est tellement généreux. Mais j'en ai marre de chialer ! Depuis que je suis malade, j'ai l'impression de découvrir un nouveau monde, celui des autres. Et il est peuplé de gens merveilleux, comme toi.

— C'est aussi pour cela que je sais que tu gagneras ton combat. Tu as la force en toi, Anne. Tu es généreuse et s'ouvrir aux autres est une grande richesse. Rentrons. Redresse-toi et sois fière, car tu reprends le pouvoir. Marchons. Anne et Maï, le retour victorieux !

Ce qu'elle fit, du moins dans sa tête, car son corps avait quelques difficultés à être et faire ce qu'elle lui commandait.

Elles durent faire une halte sur un banc, car Anne était épuisée. Installées en bordure d'allée dans un espace vert où passaient paisiblement des gens, adultes ou enfants, Maï respectait le silence de sa patiente et se contentait de lui tenir la main, geste symbolique, mais qui rassurait énormément Anne. Après quelques minutes, ce fut elle qui engagea la conversation :

— Maï, tu regardes les gens qui passent ?

— Oui, j'aime bien découvrir ceux que je ne connais pas.

— Je ne les avais jamais regardés comme aujourd'hui. Je les voyais, bien sûr, mais juste comme des corps qui passaient, alors que là, je pense en voyant passer cet enfant tout mignon qu'il a une maman et un papa qui l'adorent et qu'il est porteur de leur histoire d'amour. Cet homme encore jeune est triste, il a peut-être une grosse peine qu'il lui faudrait partager, ou alors il pourrait souffrir de solitude. Cette jeune femme pomponnée à la démarche alerte doit avoir un amoureux, je regarde son corps et je me dis qu'il doit être aimé, câliné et connu par cœur d'un autre être. Je dois avoir un fond égoïste pour n'avoir jamais accordé d'attention aux autres.

— Qu'il est bon de se flageller, car le plaisir est immédiat. Ton goût pour le SM, sans doute !

— C'est possible, car j'aime bien. Mais, comment le sais-tu ?

— Je l'ignorais, c'était juste une boutade, coquine.

— Ah bon ! Tu as vu juste. Je suis sexuellement assez dominatrice.

— Anne, tu devras apprendre à gérer les petits méfaits de ton traitement. Ta retenue, ta pudeur et le reste, tout cela est pour ainsi dire bloqué. Tu es totalement désinhibée. Avec moi il n'y a pas de souci, au contraire, il faut tout me dire. C'est essentiel. Mais soit vigilante. Tu ne dois pas raconter ce que normalement tu aurais tu, car cela pourrait t'embarrasser lorsque tu seras guérie.

— Ah mince ! Excuse-moi.

— Non ! Je t'ai dit qu'avec moi c'est l'inverse. Il est important de tout partager, mais entre nous deux, pas avec les gens. Au lieu de penser à ton passé, ce qui est vain, considère la chance que dorénavant tu as de découvrir les autres, c'est une nouvelle richesse.

Les sorties s'enchaînèrent, jour après jour, jusqu'à devenir plus facile à gérer. Après la victoire sur la marche en milieu ouvert, vint la terrible épreuve de la promiscuité, agrippée à la poignée d'un caddy de supermarché, les muscles des bras si tendus qu'ils semblaient sur le point de se rompre.

Les allées entre les rayons lui semblaient étroites, les gens étaient nappés de bruits épais, leurs paroles résonnaient dans sa tête, qui de plus hurlait à chaque fois que quelqu'un la bousculait même légèrement. L'air lui manquait et la sonorisation la faisait atrocement souffrir. Pourtant, elle suivait en essayant de rester concentrée sur les fesses de Maï qui pilotait le caddy en le tenant par l'avant. Grâce à cette astuce, Anne limitait sa perception visuelle des autres et évitait de croiser les regards, elle s'isolait des mouvements et du bruit, des rayonnages qui parfois semblaient bouger, des enfants qui criaient, des vendeurs de têtes de gondoles qui l'apostrophaient pour lui proposer de goûter un produit alors qu'elle ne pouvait pas tourner la tête. L'épreuve de la file d'attente était l'ultime défi, celui impossible à gérer et restait l'instant évité. Six fois déjà elle avait suivi son caddy les yeux rivés sur le postérieur de son infirmière, livide, des larmes coulant sur les joues, les jambes tremblantes, la gorge nouée, paniquée à l'idée que quelqu'un puisse chercher à lui adresser la parole. Comme ce jour où Maï dû la trainer à l'extérieur en tirant rapidement le caddy auquel elle était soudée, jambes quasi raides, après en avoir rapidement jeté le contenu au sol pour littéralement prendre la fuite par la sortie sans achat. Dans l'allée des laitages, un enfant qui était près d'elle l'avait observée. Il avait tiré sa mère par le bras et lui avait dit :

— Maman, regarde la dame, pourquoi elle pleure ? Elle a mal ?

Maï avait appréhendé immédiatement le drame qui se préparait, mais malgré sa promptitude à réagir, la mère avait posé sa main sur l'épaule d'Anne, s'était approchée trop près et l'avait questionnée :

— Vous ne vous sentez pas bien, Madame ? Vous avez besoin d'aide, vous êtes toute pâle. J'appelle un médecin si vous voulez.

Maï avait vu Anne encaissé chaque mot comme un coup, ressenti ses muscles se tendre un à un, vu son visage se métamorphoser sous la tension musculaire, ses mains devenir blanches tant elles serraient la poignée du caddy, ses lèvres se fondre dans le reste de son visage tant la couleur en était partie, ses grands yeux gris qui regardaient nulle part exprimer la panique, la douleur et la détresse. Les larmes s'étaient mises à couler plus fort encore, et, pour parvenir à respirer, elle tentait de forcer l'air à passer par sa bouche pourtant si fortement close que les muscles de ses mâchoires se dessinaient.

Sous le souffle et l'inspiration, ses lèvres sans couleur se soulevaient légèrement en saccades, faisant jaillir de la salive qui s'écoulait sur son menton. Maï avait écarté avec douceur cette femme au demeurant bien intentionnée, prit Anne dans ses bras pour la protéger quelques instants et, en la tirant par la nuque, avait protégé son visage en la calant sur son épaule. La sortie avait été une épreuve terrible, pour Anne, mais aussi pour Maï qui savait la torture que sa patiente endurait. L'infirmière pourtant svelte avait tiré le caddy avec une force brutale, car Anne y était accrochée comme à un remonte-pente et ses pieds glissaient presque sur le sol. À un vigile qui se proposa de l'aider, elle expliqua brièvement être infirmière accompagnatrice et elle lui demanda d'écarter les clients d'elles deux autant que possible. À peine la porte vitrée franchie, Anne abandonna son corps aux spasmes nerveux qui prirent le contrôle, la transformant en un pantin aux gestes désordonnés et ridicules. Maï la ceintura par la taille et la souleva, mais pour parcourir la distance d'un seul pas en pivotant sur elle-même, car Anne était plus grande et lourde. Puis elle en fit un autre, et encore un autre … Malgré l'aide du vigile pour maintenir les gens à l'écart, le trajet jusqu'à la voiture fut terrible. La crise de nerfs put finir de sortir dans le cocon protecteur du véhicule et fut tout aussi terrifiante. Maï était à l'arrière avec elle, épuisée et partageant sa souffrance.

De retour à la maison, Maï installa Anne sur un bain de soleil tourné face à la maison et s'assit près d'elle. Lorsqu'elle fut remise de l'éprouvante sortie, Maï lui parla d'une bataille difficile, mais pas perdue. Elles avaient affronté et évalué un nouveau défi et pourraient y retourner plus tard en sachant à quoi s'attendre et contre quoi lutter, ce qui serait un atout fort pour vaincre. Puis, après un long silence, Maï lui présenta ses excuses et lui demanda si elle souhaitait la faire remplacer à cause de sa terrible erreur. En guise de réponse, sa patiente lui prit la main avec affection et la serra en pleurant.

Avec Delphine, elle affronta les repas en public. De sandwichs en viennoiseries, elles en arrivèrent aux restaurants, petits et intimistes, où la durée et la promiscuité à subir étaient nettement plus lourdes que lors d'un grignotage sur une terrasse. Anne trouvait toujours une table dans un coin où elle prenait la place pour faire face au mur. De nombreux repas ne furent pas finis, d'autres si, mais dans les larmes. Vint le jour où Delphine choisit une grande salle avec comme objectif de passer elle-même sa commande.

Trop paniquée, elle renonça et proposa d'essayer de commander seule le dessert. La première moitié du repas fut aussi difficile que ses premiers pas en extérieur. Elle ne savait plus où mettre ses bras, où poser ses mains, ni comment tenir sa fourchette, tremblant en la portant à sa bouche, mâchant sur commande chaque bouchée, avalant avec difficulté et douleur. Même son regard était une complication, car tout comme ses mains, elle ne savait qu'en faire.

— Je n'ai pas l'habitude de dire cela à une femme. Anne, tu es belle. Normalement, toutes les femmes voudraient être comme toi. Seulement je crois que là, tu en paies le prix fort, n'est-ce pas ?
— Oui. Très.
— Tu as du mérite. Je n'ai pas la chance d'être comme toi, je suis une femme ordinaire, mais je vois ce qui se passe sans cesse. Les gens te regardent, chacun un petit peu, mais le résultat est qu'il y a toujours au moins un regard sur toi.
— Tout le temps.
— Oui, et cela doit être étrange comme sensation.
— Lourd.
— Je pense pouvoir imaginer.
— Non.
— Je devrais être jalouse, non ? Mais je ne le suis pas. Je me suis habituée à être simplement normale au fil des ans. Je dois toutefois reconnaître qu'en ta présence, je découvre le fait d'être transparente !
— Pas ça.

Delphine lui sourit et elles firent silence quelques minutes. Anne était concentrée sur ses mains qui tremblaient tant que sa fourchette était un véritable problème.

— Pose ton couvert. Respire profondément, regarde-moi et souris-moi.

Sans se poser de questions, Anne suivit les instructions de son infirmière. À présent immobile, elle regardait Delphine en souriant.

— C'est admirable, je jurerais que tu me souris vraiment.
— Je ne souris pas, mais alors, pas du tout !
— Je me doute. Tu as du métier, c'est certain. Garde tes yeux dans les miens. Fixe-moi, Anne.
— J'ai travaillé mon apparence pour ne plus avoir à en souffrir. Tu assistes au retour de quelques automatismes. Il était temps.

— Tu veux dire que c'est pour te protéger ? Pour ne pas avoir à gérer une difficulté ?

— En effet. C'est pour cela que j'ai appris à gérer mon corps et ce qu'il raconte de moi. Cela m'évite d'avoir à affronter une erreur, même ordinaire, qui m'humilierait à cause des yeux scrutateurs.

— Parlons d'avant. Tu as fini par aimer ces regards permanents sur toi ? Mes yeux.

— Disons que je m'y étais habituée et que j'avais appris à m'en amuser.

— Tu peux jouer de cela ! Je suis étonnée et impressionnée même si je n'imagine pas.

— Quand j'irai mieux, je t'emmènerai avec Lise. Tu découvriras ce que c'est.

— Je l'ai rencontrée. C'est une belle femme. Vous devez former un duo détonant. Anne, mes yeux.

— Quand nous sommes ensemble, nous sommes épiées en continu. À un point que tu ne saurais imaginer. Tu as forcément des spectateurs qui te regardent mettre ta fourchette à la bouche, boire ou t'essuyer les lèvres. Certains sont simplement contemplatifs, mais d'autres attendent la faute, celle qui leur permettra de se moquer et de se rassurer. Si tu te lèves pour aller aux toilettes, tu sens tous les yeux qui t'accompagnent puis qui te regardent les fesses. Lorsque tu en ressors, cela recommence. Tu as l'impression que les gens imaginent ce que tu as fait. Tu n'as pas le droit de baver, de rire fort, de regarder les autres, de prendre deux fois du dessert, de roter, de gratter ton nez, d'avoir une moustache en buvant, ou de remettre en place l'élastique d'un sous-vêtement ! J'ai l'habitude, mais dans mon état, c'est inhumain.

— Je te crois. Même si je pense que cela doit être le quotidien d'une femme laide, et qu'à choisir …

— À choisir ! Je connais cette rhétorique, Delphine. J'illustre ce que tu m'opposes comme raisonnement. Imagine que tu doives choisir sur quelle main tu recevras un violent coup de marteau. Il te faut décider, sinon tu seras frappée sur les deux. Pour être moins handicapée, tu tendras certainement ta gauche si tu es droitière. Mais n'essaie surtout pas de me convaincre que cela te fera moins mal sur la gauche que sur la droite.

— Effectivement. Anne, tu sais ce qui est arrivé ?

— Je ne t'ai pas convaincue ! Je peux te le prouver, mais dans ce cas, désolée pour tes mains.

— Tu as commencé par des réponses à un mot, puis à deux, puis trois, puis tu es passée à une véritable discussion en étant brillante et vive. N'oublie pas que je travaille. Je t'ai observée chaque seconde. Tu as mangé, en parlant, pas un postillon, tenue parfaite, expressions du visage maîtrisées, prise de boisson impeccable, sourires contrôlés lorsque tu as de la nourriture en bouche, manipulation des couverts parfaite et tu ne trembles plus. J'ai vu les gens qui t'observaient et je t'ai vu embrasser du regard la salle sans le laisser paraître, tout en me faisant une jolie démonstration. Total respect, Anne, tu as du métier, c'est clair. L'expression qui qualifie ta performance est : tu as la classe !

— Mais, c'est vrai ! Je me suis sentie normale ! Mon Dieu que c'est divinement bon ! Delphine, j'ai vécu quelques minutes en étant normale ! Voilà des mois que je n'avais plus ressentis cela. Est-ce juste le fait d'être concentrée sur notre discussion ?

— Oui et non, mais c'est un déclic de plus. Tu as remporté une nouvelle victoire ! Comme je suis la première à pouvoir te féliciter, puis-je te faire un bisou ? Tu le mérites et je suis tellement contente ! Anne, ce que tu as accompli est énorme. Bisou ?

— Non ! Tu n'envisages pas te lever devant tout le monde pour me faire une bise ?

— Cela ne me gêne pas, pourquoi cela ? Tu ne te sens pas prête à un contact ?

— Parce que c'est moi qui me lève pour venir à toi. Merci, Delphine, mille fois et pour tout. Sache que je suis consciente que tu dépasses largement tes obligations, tout comme je le suis d'avoir été pilotée, gérée, quasiment manipulée par une jeune femme géniale afin de m'aider à passer ce cap. Merci d'avoir accepté de me soutenir à ce point en me faisant profiter de ta grande maîtrise professionnelle.

Elle se leva sans prendre appui sur la table, fit deux pas impeccables, resta un instant immobile vers elle en la fixant, puis se pencha en souriant et lui fit une bise sur la joue en la tenant par l'épaule, en la faisant durer pour marquer sa reconnaissance et son affection. Elle se redressa et reprit place. D'un coup d'œil rapide, Delphine observa instinctivement autour d'elles. De nombreux regards étaient posés sur elle, la faisant rosir et lui provoquant des frissons sur tout le corps.

Anne, à nouveau face à elle, la regardait en souriant. Son regard gris planté dans le sien retrouvait sa force, elle se sentait presque en pleine possession de ses moyens et maîtrisait la scène, alors que Delphine perdait pied.

— Tu aimes ou pas ?

— Quoi donc, Anne ?

— Oublie cela avec moi. Je suis malade, mais pas folle. Vous me le dites assez souvent toutes les trois. Tu te disais transparente, mais à l'instant, tu as senti que les regards ne passaient plus au travers toi. Tu en as éprouvé une forte émotion qui t'a troublée. Rapporte-moi ce que cela t'a procuré. Confiance absolue oblige.

— Ah ! Le revirement de situation est spectaculaire. Tu récupères vite ! Tu savais donc ce qui se passerait et ce que j'ai ressenti ?

— Tout à fait, y compris ce que tu ressens encore. Mais il faut que tu me le confies. Montre-moi que tu es capable de m'accorder la confiance que j'ai en toi.

— Pas de souci. Dès que tu t'es approchée en restant curieusement debout devant moi en me fixant, j'ai senti et vu les regards se tourner vers moi. Cela m'a étrangement emplie de chaleur. J'en ai éprouvé un trouble que je ne connais pas et je pense avoir rougi, surtout après ta bise. Il y avait tellement d'yeux sur moi qu'un gros frisson a parcouru mon corps, surtout le long de la colonne vertébrale, dans les cheveux et sur la poitrine. Parce que je veux m'assumer, je t'explique le vécu de l'intellect. Je me suis battue pour accepter ma transparence et j'en ai pleuré, beaucoup, mais je m'y suis habituée. Et là ! La claque ! J'ai découvert une chose énorme ! C'est comme si je m'étais matérialisée devant tout le monde ! J'ai pris un plaisir énorme, Anne. J'ose te le confier : j'ai pris mon pied ! Au point que je me demande si je n'aurais pas découvert une nouvelle forme d'orgasme !

— Merci pour ta confiance. C'était une façon de te remercier, car je ne voyais pas comment te rendre une once de ce que tu me donnes.

— Alors tu gères vraiment ça !

— Oui, c'est ma science, ou mon art.

— Mais, tu fais cela comment ? Parce qu'en fait, tu utilises les gens qui se servent de toi.

— C'est ça, tu l'as résumé en quelques mots. Delphine, tiens-toi bien droite. Mieux. Les épaules en arrière. Voilà. À présent tu ne dis plus rien et tu me laisses piloter.

Anne poussa de la main sa serviette qui tomba sur le côté de la table. Elle toussa légèrement et discrètement, se leva avec lenteur, d'un mouvement de tête rejeta ses cheveux sur le côté puis fit un pas, se baissa en fléchissant les genoux et se releva toujours avec le même rythme. Elle la regarda en souriant et s'approcha en murmurant :

— Tu te lèves et nous choisissons le dessert ensemble. Prends-moi par le bras, tout de suite.

— Mais, ce n'est pas un buffet, ici, Anne, il faut attendre la carte.

— Justement. Il y a une petite vitrine, nous y allons et tu souris en regardant devant toi.

Elles traversèrent nonchalamment la salle par la droite. Anne la complimenta en parlant de façon audible pour sa remarquable compétence, puis elles s'arrêtèrent devant une armoire réfrigérée où se trouvaient quelques desserts. Un garçon de salle vint à elles et leur proposa son aide en souriant. Anne planta son regard dans le sien et lui demanda de lui parler des différents desserts. L'homme s'exécuta, assez troublé, puis elle demanda à Delphine de choisir pour elles deux. Anne l'emmena reprendre place en finissant le tour de la salle sous les regards des convives. Une fois face à face :

— Alors, c'était comment ? J'ai cru pendant les premiers pas que tu risquais de fléchir.

— J'ai failli, pas de la tête, mais ce sont mes jambes ! Elles ne voulaient plus bouger ! Mais c'était si bon que j'ai envie de le crier.

— Exprime-toi avec un soupçon de sourire en gardant la nuque bien droite. Sinon, tu peux pencher légèrement la tête sur le côté. Tu ne regardes personne d'autre que moi. Voilà. À présent, tu me racontes.

— Tu as vu le serveur ? Au lieu de nous dire qu'il nous apporterait la carte, il nous a tout présenté et, en plus, il était troublé ! Pour le retour, Anne, ce pied, mais ce pied … Tout le monde nous a observées. Et je crois que cela continue, je peux regarder ?

— Non ! Certainement pas. En revanche, si tu veux jeter un œil, tu tournes ton regard comme si tu cherchais quelqu'un des yeux. Le serveur, par exemple. Tu le fixes dans les yeux quelques secondes et tu ramènes ton regard à moi de la même façon. Mais rien de plus.

Delphine n'y tenant plus, elle se tourna légèrement en suivant les instructions, puis de nouveau prise par les yeux gris, elle lui sourit :

— Anne, il y a plein de regards sur nous, je crois même que certains parlent de nous.

— Tu ne me quittes pas des yeux et tu me dis discrètement un truc crétin en souriant. Ce qui te passe par la tête, mais débile !

— Je dois me changer, je suis inondée ! C'est dingue.

Anne lui sourit avec sincérité, car Delphine avait frappé fort. Elle rit discrètement, mais de manière audible et lui lança admirative, de son phrasé grave et lent :

— C'est inouï que tu y sois parvenue ! Mais cela ne m'étonne pas, tu n'es jamais restée dans le rang ! J'ai une grande admiration pour toi.

— Je fais quoi, maintenant ?

— Rien, ça suffit. Tu n'es plus la même jusqu'à ce que nous soyons sorties. Profite.

— Mon Dieu, Anne ! Merci. Je ne sais pas quoi dire, je me sens comme une nouille sur une chaise devant une magicienne.

— Delphine, tu ne seras plus jamais une nouille. Cela t'est dorénavant interdit, car tu sais maintenant ce qu'il te faut travailler pour retrouver ce que tu as partagé avec moi. Ton premier objectif sera de laisser la nouille chez toi dans une boîte à chaussure avec un ruban.

— D'accord ! Je suis contente ! Merci. Je devrais sans doute être embarrassée que tu me pilotes comme une petite fille, mais non.

— Il te faut à présent profiter que nous avons un public conquis. Tu me fais confiance ? Même si cela te coûte sur l'instant. Comme pour le dessert.

— Les yeux fermés.

— Tu te lèves sans toucher la table, puis tu pars en direction des toilettes, sans trébucher. Tu feras une pause de quelques secondes devant la vitrine à gâteaux, puis tu iras délivrer un petit pissou. Tu reviendras par l'autre côté, en me regardant et en souriant légèrement. Si tes mains t'embarrassent, tu passes tes doigts dans ta mèche pour la relever, mais lentement, il faut que cela dure trois à six pas. Et si cela est vraiment difficile, tu t'arrêtes à une table et tu prends une carte de menu, si besoin en la demandant de ta voix la plus douce, mais sans parler vite et en souriant. C'est le bon moment. Lève-toi.

— Mais … Anne, non, je ne … non !

— Tout de suite, c'est un ordre, Delphine. Je t'attends. Je fixerai ton derrière pendant que tu t'éloigneras. Je le dévisagerai ! Alors tu le bouges un peu, j'ai dit à peine. Tu dois sentir mes yeux le caresser et tu essaies de me séduire avec du charme et de l'élégance. Juste avec tes fesses. Je les veux sensuelles. File.

— Mon Dieu, là c'est sûr, je me prends au moins une gamelle. Au milieu des tables ! J'ai peur … j'ai envie de faire pipi, je ne …

Anne planta son regard dans le sien et la contraint à se lever. Ce qu'elle fit, tel un automate, et exécuta strictement ce qu'Anne lui avait expliqué. Chaque seconde lui coûtait une somme d'efforts indescriptibles, mais elle avançait en pensant aux yeux d'Anne fichés dans ses reins. Elle observa la vitrine, répondit avec charme au garçon qui l'informa que sa commande était en cours de préparation, puis reprit avec un regard de plus sur elle. Arrivée aux toilettes, elle poussa un profond soupir en tremblant, mais avec un sourire béat devant le miroir. Sans y réfléchir et en ayant oublié le besoin, elle fit son petit pipi comme commandé, aspira une grande bouffée d'air et ressortit. Elle chercha le regard d'Anne, mais ne pouvant encore la voir, elle passa une main dans ses cheveux. Lorsqu'elle aperçut Anne, celle-ci lui désigna du regard une table à deux pas devant elle. Delphine s'arrêta auprès de deux hommes qui déjeunaient et leur demanda la permission d'emprunter leur carte en souriant. Ils engagèrent la conversation aussitôt en lui proposant de lui offrir un café. Elle déclina et se ressaisit du regard d'Anne dans lequel elle prit appui pour regagner sa place. Elle s'assit, en ne parvenant pas à maîtriser un large sourire.

— Gros effort, ma jolie, mais belle réussite. Tu as été parfaite. Tu me racontes ?
— J'ai fait pipi !
— Delphine ! Détends-toi et respire. Tu m'expliques ce que tu as ressenti !
— Oh, pardon ! Tétanisée, paralysée, robotisée, géant, enivrant, euphorisant, excitant ! Je ne sais plus qui je suis. Je suis deux.
— Continue.
— Jamais plus je ne veux entretenir la femme invisible. Terminé. Je ne suis même pas apprêtée et pourtant, cet instant que tu m'as offert ramène ma vie de femme à de la bouillie ! Anne, les deux hommes voulaient m'inviter ! Non mais, tu imagines, je me suis fait draguer juste en passant devant eux.
— Ils t'ont draguée ? Aussi rapidement ?
— J'aurais pu prendre le café avec eux si tu n'avais pas été là ! Tu imagines ? J'aurais peut-être dit oui à l'invitation de deux hommes ! C'est fou, juste parce que … Je ne sais même pas ! Ça me rend folle !

— Je suis contente pour toi, Delphine. Si tu dois retenir une chose de notre repas en ce qui te concerne, c'est que c'est toi qui gères ton niveau de visibilité. Personne d'autre. C'est ton choix, c'est ton pouvoir.

— Je gérais l'inverse avec application ! Et en pleurant sur ma solitude, j'en voulais aux autres ! Ce soir, je pourrai m'asseoir devant mon miroir et me gifler pendant dix minutes.

— Delphine, sois attentive, mais discrète. Silence.

Le garçon leur apporta les desserts et Anne attrapa son regard et ne le lâcha pas.

— Voilà votre dessert, Mesdemoiselles. N'hésitez surtout pas.

— Nous passons un moment agréable et votre disponibilité y contribue pleinement. Merci, c'est gentil et nous apprécions.

Le jeune homme rosit en les regardant et se retira avec un grand sourire. Muette et une fois encore déconcertée, Delphine fixait Anne.

— Tu ne goûtes pas ton dessert, Delphine ?

— Hein ? Si, bien sûr ! Mais tu … Comme ça, tu le regardes, tu lui parles, il rougit et repart avec la banane. Tu as dit une phrase sur notre repas !

— Pas du tout ! Je t'ai démontré qu'en donnant un peu, tu recevais beaucoup. Je lui ai fait du bien avec quelques mots différents de ceux qu'il entend à chaque table. Je l'ai rendu visible, Delphine, c'est ce que je voulais te faire découvrir. Il est reparti visible !

L'infirmière hochait la tête, contemplative. Elle souriait et mémorisait les mots autant que les sensations.

— Et dire que c'est moi qui suis là pour te soigner, toi. Tu m'as donné un cours magistral de séduction, d'art de vivre et de respect d'autrui. Avec théorie et mise en pratique ! Et je m'en suis enrichie au point que cela bouleversera ma vie ! Pour toujours, Anne !

— Prends le temps d'assimiler, Delphine. Je t'ai juste montré qui tu pouvais être si tu l'osais. C'est à toi de décider qui tu veux être.

— Tu imagines que je m'étais résignée à être transparente ! Sans notre rencontre, je serais certainement passée à côté de la vie ! Anne, je me sens déjà vivre et j'adore ! Je suis surexcitée de réaliser que je peux plaire. J'en ai envie de faire l'amour à la terre entière avec une tendresse infinie ! J'aimerais que tu m'offres une autre séance comme celle-là, que tu me pousses à me dépasser même si je pleure tellement j'aurai peur. Tu accepterais ?

— Lorsque je serai rétablie, et si cela te tente, nous ferons les boutiques pour un relooking léger afin de te permettre de découvrir la jolie Delphine qui trépigne en attendant d'être rendue visible.

— Je suis mal vêtue ? Je le sais, mais comme je suis transparente cela ne me gêne pas. Tu ferais cela ? Pour moi, juste comme ça ?

— Pas du tout ! Je le ferai pour me donner l'impression que je me suis acquittée de la dette immense que j'ai contractée à ton encontre, et je le ferai également pour te voler le droit d'avoir à nouveau le sentiment d'être utile et d'avoir moi aussi une compétence.

— Anne, je suis heureuse de t'avoir comme patiente. En un repas, j'ai vu se transformer une femme tremblante et apeurée en une grande dame ! Tu m'as repris la main sur la conversation et sur la gestion de notre présence, sur qui aidait l'autre, enfin bref, tu m'as redonnée la force pour poursuivre mon métier pour les dix années à venir. Je t'observe et je sais pourquoi je fais cela ! Nous rentrons, Anne ?

— Volontiers, la fatigue me gagne et je dois dormir. Mais il te reste une chose à faire, Delphine. Il faut impérativement soigner notre sortie pour que tu prennes encore ton pied.

Les étapes succédaient aux combats, les victoires aux douleurs et Anne à Anne anéantie. Deux semaines s'étaient écoulées lorsque Caroline lui proposa une nouvelle journée à l'extérieur.

— Bonjour, Anne, tu te lèves et nous partons juste après ta douche. Nous passerons la matinée dans un club de sport, puis nous partagerons notre repas dans un fast-food et, pour finir cette journée, nous irons voir quelque chose.

« Mais, j'ai encore sommeil ! Elle est gentille, mais je ne suis tout de même pas une enfant qu'elle doit emmener promener à tout prix pour justifier sa journée ! Mais bon, je dois tout accepter, j'accepte. »

— Bonjour, Caroline. Tu veux que nous fassions trois jours en un ? Bon, si tu penses que nous le pouvons, je suis prête dans dix minutes.

Au club de sport, la première étape difficile fut le vestiaire avec son éprouvante promiscuité, beaucoup de bruits, des regards sur les autres corps avec des odeurs de gel douche et de sueur. Elle s'en était pourtant affranchie seule et sans larmes. Certes, elle avait tremblé et dû se contraindre à sourire, même à forcer sa respiration à rester régulière et suffisante, mais cela n'importait pas, ces combats lui étaient devenus familiers et elle les avait apprivoisés pour en faire des repères de sa progression.

— Tu te sens prête pour une séance de musculation, Anne ?

— Tu as choisi les appareils ou j'ai ma liberté ?

— Oui, j'ai choisi, et non, aucune liberté.

— Tu t'en amuses et je le sens, alors je ne demande plus et je te suis.

— Tu me prives d'une partie de mon plaisir de manipulatrice. Prête ?

— Oui. Ce n'est pas un souci, mais pour ton information j'ai horreur de ce genre de pratique.

Elles entrèrent dans une salle dépourvue de tout appareil. Il y avait pour seule installation de grands tapis au sol.

— Mais … c'est quoi ?

— Tu ne tarderas pas à le savoir. Voilà notre coach, Louis.

— Bonjour, Caroline, tout est prêt. C'est notre nouvelle élève ?

— Oui, je te présente Anne. Méfie-toi de son regard, elle est dangereuse.

— Enchanté, Anne. Je m'y risque quand même. Ah, effectivement, pour ce que nous devons faire, vous voilà avec un avantage terrible.

— Bonjour, Louis, je ne comprends pas encore ce à quoi vous faites allusion, mais je suppose que cela ne saurait tarder.

Louis expliqua la séance qui consistait en une découverte des sports de contacts et de combats. La panique la gagna malgré elle, mais Caroline la prit de vitesse en accélérant la mise en train. En quelques minutes, elle se trouva casquée et gantée, protège bouche en place. Face à elle, Louis lui montra quelques gestes de base pour boxer, puis lui demanda de le frapper à plusieurs reprises. Les premiers gestes furent sans énergie puis, peu à peu, plus en adéquation avec l'attente du coach. Après une pause pour de la théorie, il la prévint qu'il lui rendrait les coups. Par trois fois, elle se trouva assise sur les fesses, étonnée, mais se releva et reprit. Louis fit un signe et une jeune femme prit sa place, lui devint arbitre. Agnès ne faisait pas semblant. Elle boxait et portait ses coups à bon rythme. Anne s'efforça de riposter, mais plus elle essayait, plus elle recevait. La colère s'empara d'elle et elle commença à vouloir frapper violemment, mais ses coups étaient bloqués ou évités avec une aisance irritante, alors que ceux qu'elle recevait atteignaient tous leur cible, elle. Louis donna le signal de fin.

Caroline retira son casque à Anne qui, de manière audible et visible, écumait de rage :

— La pétasse ! C'était censé être une démonstration et elle m'a cogné dessus. Je lui casse la figure ! Je me fous de ce qui se passera après, je lui pète le nez et je lui arrache une oreille !

— Reprends le dessus sur toi-même, Anne, sur toi, pour sur elle.

— Non mais, tu l'as vue ? Elle n'a pas arrêté de m'en coller plein la figure ! Enlève-moi ces gants tout de suite que je lui en colle une vraie. Dépêche-toi, ça me rend folle ! Saleté !

Louis, qui se tenait à proximité, perçut la perte de contrôle qui envahissait Anne. Il sourit et intervint :

— Anne, je vous présente Agnès, notre championne nationale et amie. Il fallait une femme pour vous affronter sans être désarmé par vos yeux. Je plaisante !

— Vous plaisantez ! Dès que j'arrête de trembler, je vous en colle une aussi.

La jeune femme, qui avait quitté son équipement s'approcha d'elle sans hésitation, avec un large sourire au visage. Elle prit Anne dans ses bras et lui fit l'accolade. Anne vibrait tant elle était débordée par la hargne et ne referma pas ses bras.

— Je sais que tu n'avais jamais chaussé les gants. Alors ? C'était marrant, non ?

— Marrant ? Je suis prise d'un doute. Encore un peu et …

— Tu t'es énervée ! À la fin, tu as eu la rage. Tu voulais déjà cogner !

— Mais oui ! Tu n'as pas vu ce que tu m'as mis !

— Tu dois apprendre à apprécier l'effort et la souffrance, à te dépasser gratuitement et à respecter celui qui te domine parce qu'il est meilleur que toi. C'était le but de l'exercice.

— Exercice ? Tu veux dire que tu m'as chatouillée exprès pour me faire passer ce message ?

— Oui, bien sûr, j'aime le sport et le mien en particulier, c'est un bon apprentissage de soi et du rapport aux autres.

— Voilà autre chose ! C'est précisément ce dont j'avais besoin : un cours de philosophie et de psychologie avec des gants de boxe ! C'est innovant, Caroline. Reste à apprécier. Oublie le verre d'eau. Merci !

Louis intervint afin de dispenser Caroline d'avoir à répondre :

— Anne, je vous confirme qu'elle vous a juste taquinée. Lorsque vous vous êtes énervée, Agnès pouvait à tout moment et en un seul coup vous mettre au tapis. Cela dit, je suis un homme avec une tête de plus que vous et je ne suis pas de force non plus à lui faire face.

— Ah bon ? C'est une vraie championne ? Ce n'était pas une tournure pour la présenter ?

— En aucun cas. Médaillée au niveau national. Dont une d'or.

— Ah bon ! Je vois. Je me suis emportée. J'ai perdu le contrôle. Je suis désolée, Agnès. Accepterais-tu de me redonner une chance de mieux me comporter ?

— Quand tu veux. Tout de suite ?

Bien que Caroline hésitât, elle aida Anne à mettre son équipement et le combat reprit, mais différemment. Cette fois, Anne recevait les coups comme des leçons en appréciant la rapidité d'exécution d'Agnès. Elle tentait d'en porter en observant la technique d'évitement de la championne et goûta les quelques fois où elle la laissa porter son coup. Anne demanda une pause :

— Agnès, je voudrais me rendre réellement compte de ce que tu sais faire et de la maîtrise de tes gestes Tu pourrais me boxer normalement juste deux ou trois coups ?

— D'accord. Je te montre comment je marque des points. Je ne te mettrai pas KO, sois tranquille. Mais protège-toi avec tes poings comme moi tout à l'heure.

Elles reprirent. Après quelques petits contacts de part et d'autre, Agnès augmenta brusquement sa vitesse d'exécution, et avant qu'Anne ne puisse faire un geste, elle prit un coup puissant bien que retenu au visage, un autre au plexus, puis un au menton, elle chancela et tomba une nouvelle fois sur les fesses, en restant un instant interdite par la soudaineté de l'action.

Agnès quitta ses gants et son casque, tendit la main à Anne pour la relever et l'aida à se défaire.

— Alors ? Fâchée de te retrouver sur ton popotin ?

— Ah non, pas du tout, c'est génial !

Anne s'approcha d'elle et lui fit l'accolade avec un plaisir sincère :

— Ta vitesse, cette force, la précision à laquelle tu m'as ajustée en évitant mes poings ! Incroyable. Je n'ai vu tes trois coups qu'après, une fois sur mon derrière ! Respect, sincèrement. Pour la force, tu étais … à quatre-vingts pour cent ? Pas à fond, j'imagine.

— Je dirais à trente pour cent.

— Ah d'accord ! Je suis impressionnée, Agnès. Quand je pense qu'il y a quelques minutes je me suis énervée et voulais t'en coller une ! The gag !

— Alors, je dirais mission accomplie. Je suis contente d'avoir pu t'aider. Tu viens au vestiaire et nous prenons un verre au bar du club ? Pas d'alcool !

— Oh oui ! J'aimerais beaucoup que tu restes avec moi le temps de discuter.

Elle se tourna vers Caroline pour avoir son assentiment qu'elle reçut via un sourire. Anne s'approcha d'elle et lui lâcha une confidence sur son ressenti, à voix basse :

— Quelle nana ! Quand je raconterai ça à Lise et Paul, ils ne voudront jamais me croire. Anne, avec son air de top pimbêche qui a fait de la boxe avec une championne ! Ils seront sidérés.

Caroline indiqua qu'elle restait quelques instants avec Louis et laissa les deux boxeuses se rendre aux vestiaires. En réalité, elle les suivit et se tint derrière la porte pour écouter, prête à intervenir. Mais ce ne fût que voix enjouées et rires, puis il y eut le bruit des douches qui n'interrompit pas leur discussion. Une heure plus tard, Anne était à nouveau avec son ange gardien, douchée, souriante et en pleine forme.

— Alors, Anne, que penses-tu de notre première étape ?

— C'est une grande découverte, de soi, de l'autre et de la camaraderie spontanée. C'est magique. Merci, Caroline. Agnès et moi avons échangé nos coordonnées ! C'est génial.

— Alors nous passons à l'autre exercice, toujours dans le club.

Quinze minutes plus tard, Anne était à nouveau sur un tapis, toujours avec Louis et Caroline. Le coach lui montrait comment tomber, se saisir d'un adversaire et le mettre au sol, lorsqu'une nouvelle jeune femme les rejoint. Louis fit à nouveau les présentations. Il s'agissait de Lucie, lutteuse de niveau nationale plusieurs fois médaillée.

— Anne, je te préviens que Lucie est moins tendre qu'Agnès avec une débutante. Pour elle, le sport est le même pour tous. Elle est plus petite que toi, plus légère aussi, donc normalement vous ne devriez pas être ensemble sur le tapis. Mais elle a accepté à ma demande. La règle est que si tu as mal ou te trouves immobilisée, tu dois frapper le tapis pour indiquer que tu demandes la fin de la lutte.

— D'accord. J'espère tenir plus de trente secondes.

Le combat démarra par une prise qui fit tournoyer Anne sur elle-même avant d'atterrir sur le dos, avec Lucie sur elle. Anne inspira et tenta de se saisir d'un bras ou d'une jambe pour se dégager. Elle luttait de toutes ses forces, le visage parfois écrasé sur le tapis, ou contre le corps de Lucie, étouffant, bavant à cause d'une lèvre retournée par un frottement, sentant la sueur de son adversaire et son souffle jusque contre son visage. Totalement épuisée, elle ne parvenait plus vraiment à bouger et pour finir Lucie lui fit une clé au bras qui la fit grimacer de douleur. Elle frappa sur le tapis et la douleur cessa instantanément.

Lucie se dégagea, se releva et aida Anne à en faire autant.

— Merci pour ce combat sympathique, Anne, tu t'es bien défendue.
— Je suis essorée ! Je n'ai plus ni force ni souffle. Tu n'es même pas essoufflée ! En fait, tu m'as juste contrôlée pour t'amuser, n'est-ce pas ?
— Oui, évidemment. Mais tu es une amie de Caroline, donc moi, je dirais « pour te permettre de te dépasser. »
— Et ça marche. Une dernière reprise ? S'il te plaît ! Tu m'apprends une prise et tu me laisses l'essayer sur toi.

Après un cours accéléré bon enfant et profitable, Anne fit un pas et remercia la sportive par une accolade. Elles s'en furent aux vestiaires, se douchèrent puis prirent un verre de vitamines.

Le repas au club avec les deux championnes et Louis se déroula dans une détente si nouvelle pour Anne que pas un instant son sourire ne fit une pause. Elle demanda à Louis si elle avait sa permission de revenir au club, ce qu'il transforma en une obligation. Les trois sportifs prirent congé en les laissant finir par un café.

— Pour cette fin d'après-midi, une seule activité et souvent assise pour te remettre de tes efforts.
— Je ne demande pas, je suis. Je me sens métamorphosée, Caroline. J'ai une patate … Tu connais l'expression avoir le feu sacré ? Je l'ai en moi ! Je le sens dans mon ventre. C'est la première fois.
— Tu pourrais me décrire la sensation ?
— Cela part de la gorge et ça descend jusqu'au bas-ventre. J'ai dans cette zone une boule d'énergie qui brûle tel un soleil. J'ai le feu, mais il est sacré dans le sens où je veux le protéger pour le garder en moi. Le foyer irradie de mon sexe jusque sous mon estomac.

Assises sur les strapontins d'un théâtre en compagnie de quelques personnes, elles assistèrent à la répétition d'une pièce pleine de subtilités et d'émotions. Rapidement débordée, Anne pleura sans parvenir à préserver un minimum de contrôle. Elle finit par y renoncer jusqu'à ce que l'histoire lui permette de récupérer. Le calme revenu, Caroline se pencha et lui parla à l'oreille :

— Observe bien le jeu des acteurs. Dans quelques minutes, celui qui est sur le canapé annoncera la mort de l'enfant. Sois attentive à sa préparation pour transmettre l'émotion. Observe sa posture et ses mouvements. Ce n'est pas encore le moment, mais il est déjà dedans.

Anne étudia la scène et, prévenue, remarqua que le comédien refermait son visage et modifiait sa respiration. Sa réplique arrivant, il prit une bouffée d'air et se lança dans un petit monologue. Anne s'imprégna de l'investissement émotionnel des artistes, du travail qu'ils accomplissaient pour communiquer les sentiments au public et du plaisir qui étaient le leur à jouer. La pièce finie, elles se rendirent non pas à la sortie, mais dans les coulisses ou Caroline entra sans façon.

— Alors, que penses-tu de cette pièce ?

— J'ai adoré ! L'histoire est touchante, les dialogues sont profonds et les comédiens excellents.

— Je suis pourtant étonnée, car passée la quatrième scène, tu n'as plus versé une seule larme !

Anne s'immobilisa pour se concentrer et ne lui répondit pas immédiatement.

— Je crois que je commence à comprendre ! Après la maîtrise des émotions face à l'autre ce matin, c'est face à soi-même cet après-midi. J'ai concentré mon attention sur le spectacle plutôt que sur mes émotions et j'ai pu gérer. Et apprécier.

— Et tu as été prompte à y parvenir, alors, bravo.

Un acteur entra dans la loge et salua Caroline en lui faisant la bise. Elle fit les présentations. Après avoir échangé sur la pièce et pris un thé, une heure s'était écoulée. Le théâtre s'était vidé et le comédien, Roland, les invita à le suivre.

— Nous voilà sur la scène et vous participerez à une répétition plus privée.

Avant qu'elle ne puisse faire part de son accord ou désaccord, Roland la présenta à trois comédiens, lui tendit un manuscrit et la répétition démarra. Elle lut sa réplique et Roland la reprit pour lui demander de changer la position de son corps, l'expression de son visage, puis de reprendre avec une autre intonation, et le travail débuta. En guise de répétition, elle reçut un cours de comédie avec un public amateur dans la salle qui observait. Elle dû rire sur commande, puis se mettre en colère, pleurer, jouer l'amoureuse transie, embrasser avec tristesse puis avec passion. À plusieurs reprises, elle fut prise de fous rires communicatifs et entraina les comédiens avec elle.

Le soir venu, Anne était assise dans sa cuisine face à Caroline. Bien qu'épuisée au point d'avoir des débuts d'absence, elle souriait encore :

— Caroline, j'ai passé une journée d'une richesse hallucinante. J'ai appris sur moi et les autres dans tous les sens du terme. Je suis admirative de la qualité de tes relations, ce qui dit que tu es. Et ce que sais en faire au profit d'âme en perdition, comme moi, est d'une générosité… C'est un don ! Ma vie était trop étroite, mais je ne le savais pas.

— Je pourrais te la faire pro en te répondant que je n'ai fait que mon travail, mais … je suis contente du résultat de notre journée, au-delà de ce que j'escomptais. Je le suis aussi de tes réactions, car mes amis et moi avons découvert une femme géniale et intéressante. Je le suis également de ton remerciement qui me touche. La reconnaissance est une nourriture seine, mais souvent difficile à faire pousser.

— Delphine m'a expliqué que les compliments donnent du courage. J'en avais besoin et tu m'en offres, je le sais. Caroline, je suis exténuée, mais je me sens à même d'affronter mon problème ! J'ai à nouveau en moi ce truc qui donne l'énergie et la volonté. Au fil du travail que j'accompli avec vous trois, il s'installe et croit. Je suis sereine pour la première fois depuis longtemps. Merci encore. J'aimerais en parler avec toi, mais je dois m'allonger, pour dormir dix jours !

— Je t'accompagne et je resterai avec toi. En t'endormant, songe que les comédiens m'ont fait part du plaisir qu'ils ont eu à jouer avec toi. Je te résume. Tu irradies, tu es vraie, ton regard, ton physique et ta voix sont taillés pour la scène. Bref, ils t'ont trouvé merveilleuse et tu peux y retourner lorsque tu le voudras, même sans moi.

Quelques semaines passèrent encore avant qu'elle ne se décide à affronter de nouveau un supermarché, mais c'est elle qui le voulut et elle qui choisit un jour où Maï était de service. Elle voulait se battre et montrer à Maï, qui l'avait vu s'effondrer, qu'elle ne renonçait pas. Elle savait aussi qu'il devait être important pour cette femme dévouée de ne pas rester sur l'échec qu'elles avaient durement partagé.

— Tu as fait exprès de m'attendre pour renouveler la tentative, n'est-ce pas, Anne ?

— Oui, Maï. Cela t'effraie ?

— Non, je suis contente. Merci.

L'infirmière choisit un site moins fréquenté et une heure plus clémente afin de réduire la violence de l'épreuve des caisses. Maï dut néanmoins tirer avec une certaine force le caddy, car Anne y était littéralement soudée par la poignée. La peur liée au souvenir de la précédente tentative s'ajoutait à ce qu'elle devait affronter, mais elle ne renonça pas. Elles parvinrent à parcourir les allées du magasin en effectuant de vraies courses et Anne mis elle-même dans le chariot quelques produits. Au rayon fromage à la coupe, c'est elle qui passa commande. Au fil de l'avancement du parcours, Maï ajoutait des détails à accomplir, authentiques épreuves pour Anne. Elle la contraint même à choisir, essayer et acheter des jeans. Certes, Anne garda le regard planté dans les reins de la jeune femme, mais il n'y eut pas de larmes. À la caisse, elle parvint à lâcher le caddy et demanda la permission à Maï de l'attendre dans la galerie, car la gestion de la file ne lui était pas encore accessible. La victoire fut néanmoins savourée par elles deux, qui soufflèrent leur stress de concert en refermant les portières du véhicule.

— J'ai cru ne jamais y arriver tant j'étais paralysée par la peur. À présent, je suis épuisée et rompue. Maï, je crois ne pas m'être donnée en spectacle.

— Anne, je peux te l'avouer à présent ! J'y suis allée, parce que j'ai confiance en ta force et ta volonté, mais tout comme toi, j'étais morte de trouille, mais alors … verte et hyper tendue ! J'en avais une boule dans le ventre ! Je suis épuisée, lessivée, vidée !

— Oui ? Imagine pour moi ! J'y suis arrivée, c'est l'essentiel.

Après une petite pause, Anne reprit avec un sourire timide :

— Maï, je m'apprête à te décevoir, car je dois t'avouer que j'ai … triché. Je sais devoir te l'avouer même si ça me coûte.

— Tricher ! Tu as pris des médicaments en cachette ?

— Ah non, jamais je ne te trahirais de la sorte. La réalité, c'est que je n'ai pour ainsi dire rien vu, car je n'ai regardé personne et je n'ai quasiment vu aucun rayon. Tu trouveras cela sans doute étrange, mais j'ai fixé tes fesses pendant toute la durée des courses et me suis concentrée sur leurs mouvements ! J'étais tétanisée ! Mais, c'est quand même avoir réussi. Je me sens bien ! Je l'ai fait.

— Alors j'avais raison ! J'ai eu tout le temps la sensation que les gens me reluquaient le cul ! Et c'était toi. Bon ! J'espère qu'il t'a plu.

— Quelle question ! Tu as un petit derrière magnifique, sans rire. En plus, aujourd'hui avec ton caleçon, tu étais parfaite. Cela t'amusera, car à présent, je peux le visualiser les yeux fermés. Maï, je lâche le reste. En réalité, je le fixe à chaque fois que je me sens en difficulté, c'est mon refuge, ma protection des autres. Ce n'est pas glorieux, mais ainsi, j'y arrive quand même et c'est ce qui compte pour moi.

— Me voilà bien, j'ai un derrière qui sert de point de repère et de refuge à ma patiente ! Tu sais que je ne pourrai plus marcher devant toi de la même façon à présent ?

— Tant pis pour toi ! Maï, je t'aime beaucoup. Merci d'être avec moi comme tu l'es. Mais tu gardes ça pour toi, je ne tiens pas trop à passer pour une obsédée ! J'ai suffisamment à gérer.

— En dehors du côté amusant, tu dois surtout retenir que tu as anticipé et su gérer tes émotions avec ta seule volonté. Bravo. Peu importe l'astuce que tu as utilisée.

— Mais là, Maï, comme tu es assise, je dois pleurer !

Les jours se succédèrent ainsi, devenant des semaines supplémentaires, qui devinrent des mois. Anne avait réappris à marcher à peu près en toutes circonstances, en partant de sa chambre pour s'ouvrir progressivement sur les espaces publics. Les moments terrifiants furent nombreux et resteraient à jamais gravés dans sa mémoire. Elle parvint à renouer un dialogue avec ses proches, puis des inconnus de la même façon qu'elle dû apprendre à maîtriser ses émotions qui restaient extrêmement vives, et, à défaut parfois de le pouvoir, elle apprit à se protéger ou à donner le change.

L'assistance médicale fut levée à la fin du cinquième mois. Anne se sentit perdue et paniquée à l'idée d'être privée de ses chaperons, mais le sevrage se fit en douceur et la vie reprit son cours. Paul redevint son mari, Anne une épouse et l'amoureuse de Lise.

CHAPITRE 10

Sa sortie de l'après-midi effectuée, et la sieste réparatrice consommée, Anne, radieuse et naturelle, rejoint son duo complice préparant le repas :

— Lise, Paul, mise à part trois incartades légères, relevant du simulacre, il y a deux mois avec mon tendre mari, en voilà déjà cinq que je suis vertueuse. Du fait que la maison est à nouveau à nous, jour et nuit, nous pourrions sans doute envisager une reprise raisonnable de nos relations amoureuses ! Je considère que c'est normal et que nous le méritons.

— Pas cinq, Anne, mais presque neuf mois, ou huit trois quarts.

Paul avait rectifié en souriant, mais en maîtrisant à peine une sorte de douleur perceptible dans sa voix.

— Ouille, la gestation pénible ! Désolée, Paul, tu m'en veux certainement malgré toi, mais il ne faut pas, je ne l'ai pas voulu, ne l'oublie pas.

— Comment pourrais-je t'en vouloir ! Pas une seconde je n'ai eu ce genre de pensée, même si parfois cela a été naturellement difficile. Mais ce n'est grave en aucune façon, il faut relativiser.

— Je réalise que Lise n'a pas dit un mot sur cette question et je la connais comme si j'étais sa mère. Comment gérez-vous la chose pour tenir le coup tous les deux ? Lâchez l'info, de toute façon je suis sûr que vous avez couché ensemble ! Neuf mois en étant en bonne santé, à notre âge, il faut être réaliste. En fait, non, ce n'est pas important et cela ne me regarde pas, j'aurais probablement réagi de la même manière. Je préfère mille fois que vous vous soyez arrangés tous les deux plutôt que de flirter au hasard des rencontres. Je voudrais toutefois être sûr d'une chose. J'espère avec force que vous m'aimez toujours, mais, avez-vous encore envie de moi ? Ou … il est possible que vous ayez trouvé un nouvel équilibre, sans moi ! Je pourrais le comprendre, rassurez-vous, j'ai muri et je suis sereine, vraiment.

— Anne, rien n'a changé pour moi ! Ni pour Paul, j'en suis certaine. Alors, ne t'en inquiète pas, même si je conçois tes interrogations. Cela dit, ta lucidité est surprenante ! Tu es réellement de retour. Sache que nous ne nous sommes jamais refermés sur nous, car tu as toujours été présente, Anne, tu as ma parole.

— La réponse de Lise est au mot près la mienne. Je patienterai. J'ai retrouvé la femme que j'aime, c'est tout ce qui m'importe.

Lise et Paul la fixaient en souriant, visiblement complices. Anne les interrogea du regard et c'est Paul qui reprit :

— Anne, je te parle au nom de tes deux amoureux, avec l'accord de Lise. Pour être sincères, sache que nous avons organisé la reprise de notre vie amoureuse, au sens physique, pour gérer le jour où tu nous adresseras un signal en ce sens. Nous sommes tellement en déficit de toi que nous craignions de t'étouffer ou de trop te solliciter, car nous sommes deux ! Alors, sauf si tu avais un désir contraire à exprimer, que nous respecterons, ou si tu souhaitais en exaucer un particulier que nous recevrons avec appétit, je souhaiterais passer la première nuit en amoureux avec toi. Et toujours si cela te convenait, Lise te voudrait à elle seule pour la suivante.

— Je crois le moment propice à un « oups » ! Je suis embarrassée de vous avoir proposé un trio d'emblée, désolée. Je dois reprendre mes marques, soyez indulgents.

— Tu ne l'avais pas expressément évoqué, mais c'est agréable à entendre pour moi, ma petite femme.

— Je croyais pourtant me souvenir que … j'ai sans doute encore des vides. Je devrais en être penaude, mais non ! Je me sens dans une telle forme ! Cela dit, je suis heureuse que vous ayez anticipé cet aspect de nos retrouvailles pour moi. Continuez de m'aider à revivre. Ce planning me convient, même s'il est plus amoureux que sexuel ! Je voulais dire, c'est mieux … Non, si je l'ai dit, c'est que je le pense.

Elle s'approcha et leur fit une bise sur la joue avec tendresse :

— Donc, vous m'aimez toujours malgré ce que j'ai commis ! Je suis comblée. J'avais si peur de vous avoir perdus que j'étais prête à accepter de m'effacer pour obtenir votre autorisation de demeurer avec vous. Vous êtes vraiment les deux grands amours de ma vie, et je vous aime avec une force que vous ne sauriez concevoir. Merci, et pardon. Souriez vite, car je sens les pleurs m'envahir ! C'est parti, je pleurniche ! Mais cette fois je peux savourer, car je suis heureuse.

— Elle est belle ma jumelle de vie, n'est-ce pas, Paul ?

— Fabuleusement. Je te la volerais sans scrupules. Et mon épouse, n'est-elle pas tout autant magnifique ?

— Si, et incroyablement séduisante. Paul, je te la ravirais avec préméditation et délectation.

Anne se calma et leur sourit, puis son époux la questionna :

— Anne, pourrais-tu m'expliquer le pourquoi de ce nouveau tableau dans notre chambre, avec ce qui ressemble étrangement à … un gant de toilette blanc encadré ! C'est sans doute moderne comme art, mais assez déconcertant pour le néophyte. Et … je suspecte que l'artiste ait collé un vulgaire gant de toilette !

— Et pour cause. Mais il est doté de pouvoirs magiques. C'est une promesse que je me suis faite lorsque je n'existais plus que par la pensée. Seule avec la maladie, ce contact était l'un de mes rares plaisirs, si ce n'est le seul de chacune des heures et des journées où j'étais inerte dans ce lit. Si tu savais le bien qu'il m'a offert et comme j'espérais le sentir passer sur ma peau, dans ma bouche, sur mes yeux, sur mon corps ! Tu ne peux pas imaginer l'espoir que je plaçais dans ce bout d'éponge. Je l'ai même pleuré. Je me souviens de la douleur liée à la crainte de ne pas être comprise lorsque je le désirais. C'est ainsi qu'entre lui et moi une histoire est née. Je tiens à ne jamais plus oublier la chance que nous avons d'être debout, de pouvoir communiquer, de nous toucher, et toutes ces choses simples que nous finissons par croire ordinaires. Il est mon étoile du berger.

Les retrouvailles annoncées durèrent plusieurs nuits, dans une complicité retrouvée et parfaite. Anne fut libérée des doutes sur les conséquences de son absence.

Paul avait invité Véronique à partager son repas du midi, un jour où il était seul, afin de discuter avec elle en toute quiétude et parce qu'il tenait à lui répéter à quel point il lui était redevable.

— Véronique, je souhaiterais aborder un sujet embarrassant à propos d'Anne.

— Après ce que nous avons partagé, je pense que tu peux raisonnablement parler librement avec moi. Je t'écoute.

— Voilà l'affaire. Anne est changée, pas physiquement, mais dans son comportement, ce n'est plus vraiment la même. Cela s'estompera ou est-ce la nouvelle femme qu'elle est devenue à la suite de sa maladie ?

— Soit plus précis si tu le peux, Paul. À quoi fais-tu allusion ?

— Elle est parfois tranchante, ou volubile, ce qui n'était pas dans sa nature. En plus, elle est quelquefois trop … je dirais expressive là où elle aurait normalement fait preuve d'une judicieuse retenue.

— Je vois. Ne t'inquiète pas, ce à quoi tu fais allusion est plus que classique et normal dans son cas. Elle prend un traitement qui a notamment pour conséquences de désinhiber et d'euphoriser. Un autre effet est de rendre plus spontané dans la réaction. La personne dira ce qu'elle pense avec facilité et naturel. Elle pourra donc être involontairement blessante. Si elle évoque ses émotions, il s'agira de ce qu'elle ressent dans l'instant, car la pondération liée à l'intellect, qui relativise en prenant en compte le contexte, l'historique, le lendemain, l'autre, etc., n'a plus le même pouvoir. Pourtant, la personne est persuadée de s'exprimer comme d'habitude, d'être posée, lucide et de se contrôler. En revanche, pour Anne, la maîtrise de ses émotions ne se rétablira pas. La séquelle est irréversible en ce qui la concerne ! C'est une maladie où le facteur temps est important, si ce n'est déterminant. Ce brillant exposé était destiné à t'expliquer qu'elle retrouvera son mode de fonctionnement habituel au fil des mois, au besoin par compensation intellectuelle sur certains aspects.

— Ah ! Merci, tu me rassures. À présent que la page est sur le point d'être tournée, tu pourrais sans doute me dire avec franchise ce que toi et les médecins pensiez de ses chances de guérison.

— Je me suis raccrochée à ma certitude qu'elle aurait la volonté et la force de guérir. Mais, pour répondre à ta question, selon moi et eux, Anne avait neuf chances sur dix d'avoir fini son parcours commun.

— Tu veux dire avec cette sorte de monde parallèle ?

— Non, Paul, avec nous !

— Ah ! Là, c'est autre chose. J'ai vraiment failli la perdre !

— Malheureusement, oui. Ce fut d'ailleurs le cas quelque temps. Encore de nos jours, le niveau de décrochage de son cerveau ne se rattrape pas toujours et souvent mal. Conscients ou non, les malades vivent une autre vie, sans nous, qui nous est inaccessible. Il y a quelques dizaines d'années, Anne ne serait pas revenue de ce monde mystérieux, car nous l'aurions placée dans un hospice en attendant que la mort la prenne en charge. C'est une certitude. Aujourd'hui, nous savons aider les patients, mais pas les guérir s'ils ne sont pas déterminés à le vouloir, car la médecine sans leur volonté ne peut rien. Son retour était espéré, Paul, mais plus attendu.

— Elle est là, mais les mots sont encore d'une violence inouïe ! Anne est brillante et forte, mais je sais qu'elle doit sa vie à Lise.

— En effet, et je l'ai constaté au fil de jours et des semaines, Paul. Sans Lise, Anne ne serait plus. C'est ma conviction que je taisais pour te protéger. Mais puisque tu l'évoques … Elles sont unies par un lien qui nous échappe, et j'ai parfois songé qu'elles formaient une sorte d'entité différente de nous. Une personne constituée de deux corps ! Excuse-moi. Je n'aurais pas dû.

— Si ! Et si tu savais à quel point tu as raison !

— Pour moi, c'est ce qui l'a sauvée, car avec ce qu'elle a dû endurer, il lui fallait un soutien plus fort que ce que nous savons gérer médicalement à ce jour. À présent et au fil des mois, son cerveau compensera ce qui est abimé en créant de nouvelles connexions, je n'en doute pas. La réalité crue et difficile, Paul, c'est que son coma était trop long sur ce type de pathologie. Même moi, je m'attendais au mieux au retour d'une femme handicapée sévèrement.

— Ah oui, quand même ! C'est effrayant. Je perçois cette maladie tel un cancer du cerveau. La rechute existe ?

— Cela arrive, oui. Les anciens patients, lorsqu'ils parviennent à parler de leur maladie, expliquent que l'autre monde reste à portée, par une trappe qu'ils conservent dans la tête et qui, selon les cas, est la tentatrice dangereuse ou l'issue de secours salvatrice. La plupart en sont effrayés, car lorsqu'ils sont dans la difficulté, ils se sentent rapidement attirés par l'autre monde, tapi derrière cette modeste porte. Au contraire, certains la recherchent quand leur vie redevient pesante, et ils hésitent, ou cèdent, face à la tentation de l'ouvrir pour y retrouver la paix. Ce qui bien sûr est un leurre et un choix suicidaire, car ils oublient la souffrance par laquelle ils sont passés, ce qui a pour conséquence de les rapprocher rapidement de l'envie de mourir avec l'idée qu'ils y trouveront enfin la paix tant espérée. C'est comme un drogué qui cherche la paix et refuse de se souvenir de la souffrance, c'est le même phénomène vicieux et destructeur. À chaque ouverture de porte, le patient s'enfonce plus profondément jusqu'à l'ouvrir la fois de trop ! Tu te souviens ? « J'en ai marre … Je dois mourir … Les mutilations … La lumière … ». Elle a affronté une tentative d'ouverture de cette porte. Ce qui reste difficile à définir est de savoir si elle était arcboutée contre pour en empêcher ou en forcer l'accès !

— Alors Anne a voyagé dans le fameux pays, celui dont personne ne revient ! Mais elle en est revenue.

— Oui. Je connais cette expression. Nous pouvons considérer qu'elle s'y est effectivement rendue. Mais aussi ajouter que nous l'avons aidée à avoir une envie suffisamment puissante de quitter l'autre monde. Nous sommes en droit de le croire et d'en être fières, car c'est une magnifique réussite.

— C'est étrange comme maladie. Une grippe, un bras cassé, une gastro, un ulcère … c'est plus … Je ne sais pas exprimer cela, mais c'est appréhendable pour l'entourage, mais ça, c'est presque abstrait !

— Tu as bien raison, il n'y a pas si longtemps encore, il était fréquent d'entendre quelqu'un dire à un malade « tu n'as qu'à te mettre un coup de pied au cul au lieu de t'écouter ! » Tu imagines l'effet destructeur sur celui qui est en souffrance !

— Non, pas vraiment. Je l'ai fait souffrir parfois en disant « tu descends manger ? » Je n'ose pas imaginer les conséquences d'une telle agression. Il faudrait former les familles, c'est indispensable ! Véronique, de quelle manière puis-je veiller sur elle ?

— Si tu sais l'écouter et lui faire confiance, tu ne passeras pas à côté des alertes et cela suffira. Pour le reste, c'est la vie de tous les couples.

Paul s'approcha de Véronique, la prit dans ses bras et la serra contre son buste en lui murmurant :

— Merci, Véronique, mille fois, pour tout. J'ai eu si peur et elle si mal ! Tu es une véritable amie. Il n'est pas dans notre culture ni dans nos mœurs d'exprimer certains sentiments librement, mais je tiens beaucoup à toi.

— Oh non ! Je sens les larmes venir avec des mots comme ceux-là ! Et voilà, c'est parti ! Je suis affreuse quand je pleure, je ressemble à une grenouille. Tu ne me regardes pas.

— Depuis des années, nous vivons à quelques mètres l'un de l'autre. Nous avons échangé des milliers de bonjours bonsoirs, mais pas une fois je n'ai eu la gentillesse, ou au moins la courtoisie ou l'humanité de te demander si tu avais des soucis ! J'ai besoin de toi et me voilà pendu à toi pour sauver ma femme et ma vie ! J'ai honte, Véronique.

Le médecin avait convenu de passer visiter Anne pour une consultation tous les trois jours, même si cela pouvait parfois être bref ou d'autre fois trop rapproché, mais il voulait limiter les risques. Sur l'avant-dernier rendez-vous, Paul lui annonça qu'Anne n'avait pas pleuré ni eu le moindre accès de colère trois jours de plus, soit six journées de quiétude, ce que le médecin se fit confirmer par Anne :

— Alors, où en sommes-nous, Anne ?

— Précisément, à la semaine parfaite. Ni pleurs ni énervement, que de la bonne humeur et de l'intérêt pour notre quotidien.

— Validez-vous la perception de votre mari quant à une évolution favorable et à priori quasi sans faille ?

— Oui ! Vu par moi, cela fait presque trois semaines. Je suis guérie, mais il n'y a pas de quoi être étonné ! Pour ma part, j'espérais que cela finisse par arriver. En auriez-vous douté ? Car, dites-moi, Docteur, cette surprise à peine voilée signifie-t-elle que vous pensiez que je ne guérirais pas ? C'est bien ce que je dois comprendre ?

— Absolument pas, qu'allez-vous imaginer ! Si je suis étonné, c'est par la rapidité de votre rétablissement. C'est spectaculaire, inattendu et cela défie l'entendement ! Je risque sans doute de vous vexer, mais en tant que médecin, je dois envisager l'ensemble des scénarios possibles. Vous le comprenez ?

— Oui, bien entendu ! J'ai été malade, vous faites votre travail et j'ai besoin que vous me suiviez. Je n'ai donc pas de souci avec ça.

— Alors voilà ma question. Anne, prenez-vous, régulièrement ou non, des substances plus ou moins … discutables ?

— Vous me demandez si je me drogue ? Là, vous faites fort, Docteur ! Et vous serez surpris, car je n'ai rien pris, et je précise que de toute ma vie, je n'ai jamais tiré une bouffée de quoi que ce soit ! Tabac y compris.

— Alcool ?

— Jus de fruits et eau.

— Tant mieux et pardonnez-moi encore. Alors je dois me rendre à l'évidence, votre rétablissement est extraordinaire ! Vous n'avez rien de particulier à me signaler qui pourrait expliquer ce changement ?

— Si ! Je suis heureuse. J'aime mon mari et il m'aime comme au premier jour. J'aime Lise et elle m'aime passionnément, elle me protège, me câline et veille sur moi. Alors entre eux deux, je suis une reine, comblée et épanouie. Voilà le traitement de choc qu'ils m'infligent, Docteur. Je me shoote au quotidien avec leur amour !

— C'est parfait et vous m'en voyez ravi. Je ne peux que vous prescrire de poursuivre cette excellente médication qui vous réussit merveilleusement ! Félicitations.

Le médecin parti, Paul remercia son épouse pour les éloges dont elle avait fait montre à son égard. Les jours passèrent et la stabilité de santé d'Anne se confirma.

Elle s'épanouissait et devenait plus belle encore, avec son sourire magnifique accroché au visage presque continuellement. Ses yeux gris étaient devenus pétillants de vie à en être brillants. Elle virevoltait dans la maison en chantant, s'occupait du ménage, des repas, et s'apprêtait pour offrir du plaisir à ses amoureux au travers son image.

Lors d'une après-midi, et Paul étant en tournée, les deux amies se pavanaient au bord de la piscine. Lise observait Anne et sourit :

— Anne, tu es mon amoureuse depuis l'enfance et faire l'amour avec toi a toujours été un moment merveilleux. Mais je dois te confier quelque chose d'intime et te poser une question qui n'en est pas une.

— Ah ! Ose, Lise, à ta guise, je n'ai rien à te refuser, plus jamais. Nous n'avons pas le temps de ne pas être en harmonie.

— Depuis ta guérison, c'est devenu … je ne sais pas trop comment expliquer cela …

— Je te déçois ? Je ne suis plus à la hauteur de tes attentes ? Tu es frustrée ? Je ne suis pas assez câline ? J'en serais tellement désolée … Mais je ferai plus attention à toi. Glisse-moi tes demandes !

— Mais non, laisse-moi finir ! C'est tout le contraire, et un peu plus. Tu es différente, car ta passion est plus posée, sereine et assumée. Cela a toujours été génial, mais là, si je devais comparer, c'est comme si tu étais encore plus femme ! Être avec toi est devenu plus puissant, plus dense, plus fou, plus profond, plus tendre, plus … tout !

— Voilà des mots qui me procurent un plaisir addictif ! Serait-ce une invitation déguisée ? Deviendrais-tu timide, ou aurais-tu un désir particulier à formuler ? Ne compte pas sur moi pour décliner, plus jamais. La vie est trop fragile et courte.

— Anne, je te pose une question à laquelle je veux que tu répondes en me fixant de tes beaux yeux gris ! Regarde-moi même pendant que je te la pose.

— D'accord, je t'écoute en te regardant.

— Ma puce, ta guérison, cette transformation en femme épanouie, ta grâce affirmée, tes seins sublimés, ton désir ébouriffant … Bref ! Anne, tu es enceinte.

Les yeux gris plongèrent plus intensément dans les bleus, brillants de vie et de bonheur, souriants et cherchant à lire derrière ce bleu clair ce qu'elle pensait au-delà de son affirmation. Lise agissait à l'identique et fouillait les pensées d'Anne. L'une et l'autre poursuivaient ainsi la conversation et se comprenaient. Anne se para d'un sourire qui clôt la discussion sans mots :

— Oui, Lise. Cette fois encore, tu lis en moi, même ce que je cache. Lise, j'attends mon bébé. Notre enfant. Je voulais le garder pour moi. Je suis heureuse à en hurler mon bien-être, du matin lorsque je m'éveille au soir à en tomber de sommeil. J'ai commis la folie absolue en manquant de tuer mon autre moi, toi, j'ai sombré à plusieurs reprises, j'ai vu la lumière et j'ai voyagé dans l'autre monde, celui dont il est possible de ne pas revenir. Quelques mois plus tard, je connais cette joie à laquelle je pensais ne pouvoir jamais plus accéder après ces années d'attente. C'est le bonheur ultime, celui qui n'existe pas, qui ne peut pas s'expliquer ni se quantifier. Je suis épanouie, ma puce. Tu m'as ramenée à la vie, et ma guérison, c'est mon bébé qui me l'a offerte. Je lui dois déjà la vie et je lui donnerai ce que je possède. Lise, ne pleure plus, sinon je ne tarderai pas à t'accompagner. Cet enfant ne devra pas savoir combien toi et moi avons larmoyé. J'aimerais que tu essaies d'être heureuse pour moi sans me tenir rigueur de mon manque de partage lorsque j'ai su. Pardonne-moi. Je ne pouvais pas, j'avais peur … de je ne sais pas quoi. Peut-être que de le révéler m'exposerait à ce que quelqu'un m'explique que j'étais une fois de plus dans un délire.

— Alors je ne m'étais pas trompée, tu es enceinte. Mon Dieu ! Prends-moi dans tes bras. Je suis tellement heureuse ! C'est énorme. La vie est étrange et belle. Anne, si je ne bouge pas tout de suite, je deviens dingue. Sois tu sautes à l'eau avec moi immédiatement, ou nous mettons de la musique et nous dansons en version folles ravagées, soit tu te pousses pour que je puisse sauter en l'air afin d'évacuer la tempête qui souffle dans mon cerveau.

— Tu es heureuse aussi ? Que tu es belle ! Je mets de la musique et nous dansons comme deux dévastées de la raison. Saute à l'eau le temps que je le fasse. Je te connais, si tu ne le fais pas, tu seras une boule d'énergie ingérable et dangereuse pour une femme enceinte. Moi !

Anne était à peine levée que Lise bondit et rebondit sur le plongeoir, en riant, chantant, faisant voler ses cheveux, puis exécuta une pirouette de voltigeuse en sautant à l'eau. Lorsqu'elle entendit la musique, elle rejoint Anne et enchaîna sur le rythme enlevé, dans l'élan de son énergie débordante, lançant bras, jambes, tête, ventre et fesses dans tous les sens. Surprise malgré tout par le tonus pourtant habituel de Lise, Anne essaya de suivre et y parvint.

Passée la première minute, Anne prit ses seins en mains, en riant, et continua de sauter avec cette frénésie contagieuse. La séance de danse s'acheva par épuisement des danseuses et elles se vautrèrent dans le canapé, repues de bien-être. Lise posa délicatement sa joue sur l'abdomen d'Anne, ferma les yeux et enserra la taille de son amie de ses bras, qui elle passa la main dans ses cheveux blonds et la caressa affectueusement.

— J'espère que ce énième câlin à mon ventre est le premier d'une longue série. Lise, je veux profiter de ma grossesse chaque seconde. Je m'admirerai, m'aimerai, m'exhiberai et je voudrais que tu sois aussi heureuse que moi. J'ai prévu de démissionner. Je veux consacrer mon temps à Monsieur bébé, avant et après sa naissance. Tu risques de te sentir seule au travail. Pardonne-moi.

— Ce n'est pas grave. Mais tu devrais poser un congé maternité. Je crois que tu dois pouvoir obtenir une longue période et tu aviseras après, comme ça, si tu voulais revenir près de moi, tu pourrais.

— D'accord. Lise, pendant ma … mon absence, vous avez fait l'amour, forcément. As-tu essayé d'être enceinte ?

— Quelle idée ! Non, pas sans toi, hors de question. Tu te plantes sur notre compte, Anne. Je n'ai eu aucun rapport avec ton mari.

— Mais, je croyais pourtant que Paul et toi ! Je ne comprends plus.

— Tu m'as demandé de veiller sur lui, car tu ne voulais pas qu'il regarde ailleurs. Je l'ai coaché et averti que je ne laisserai rien passer. Il était vital pour moi de protéger ta vie, Anne, mais je n'ai pas fait l'amour avec lui. Je ne veux plus d'homme, c'est terminé.

— Mais alors …

— Non plus ! Bon, j'ai compris. Tu veux savoir sans demander, je n'y échapperai pas. Je n'ai pas enlevé ma culotte ni …

— Tu n'en portes jamais !

— Anne ! Zut deux fois ! Et rien non plus d'une autre manière ! Que dalle que nenni niet não no ! Le zéro pointé. Je te l'ai dit, sans toi c'était non ! Mais je t'assure que Paul n'a pas regardé ailleurs, j'ai veillé. Je te l'ai restitué tel que tu l'espérais, à sa place dans ta maison, vierge de pensées encombrantes et d'aveux pénibles à t'infliger.

— Je me souviens parfaitement te l'avoir demandé. Tu es ma jumelle de vie, mon amoureuse absolue et une authentique et merveilleuse amie. Tu lui as donné un médicament ?

— Bon ! Nous n'en sortirons pas. Je l'ai explicitement menacé et je lui ai fourni des DVD ! Voilà ! Livrés avec instruction d'oublier la culpabilité. C'est assez précis ?

— Oui. Merci, Lise. Je suis désolée, c'était du voyeurisme malsain.

— Chut. C'est juste normal entre nous.

— Alors forcément, pas de bébé en piste pour toi.

— Je me suis même interdit de continuer à y rêver, à cette grossesse. Pourtant, j'aimerais tellement ! Le sujet est douloureux et une grande souffrance. Tu le sais, alors j'évite de me répandre une énième fois.

— Tu réalises qu'étant donné notre relation, je suis de fait polygame !

— Je pourrais la jouer innocente offusquée et te pondre un raisonnement se concluant par « mais non … etc. » La vérité, c'est que je pense « profiteuse, veinarde, gourmande, coquine, vicieuse » !

— Je suis d'accord ! Dis-moi, tu te souviens que nous avions essayé tous les trois de faire en sorte que tu ajoutes une personne à notre famille, avec ton bébé !

— Comment oublier une telle décision. C'était fou ! Une utopie absolue, mais un rêve merveilleux ! Puis il y a eu l'imprévu : Paul en panne. J'en ai marre tu sais, je pleure encore ! Et voilà, ça y est. Ça fait des mois que ça dure. C'est la première fois que tu parles de famille et que tu m'y inclus.

— Écoute, puisque notre Paul semble réparé, tu voudrais … toi aussi ? Je pourrais lui en reparler si tu me le demandes.

— Mais Anne, rends-toi compte ! Imagine que ça marche, que je connaisse cette joie à mon tour, et que tu ne gères pas que notre Paul, ton mari, soit le père de mon enfant. Tu risquerais de gâcher ta grossesse dont tu es si heureuse et si fière. Ne crois-tu pas préférable d'attendre quelques mois ?

— Tu restes la même ! Tu me sacrifieras toujours trop ! J'ai parfois honte de profiter de la joie de t'avoir comme maîtresse alors que je suis mariée ! Cela aussi changera, car je veux te voir vivre ta vie, pleine et entière. La vie est fragile, Lise. Tu ne dois plus t'effacer pour moi, au contraire, nous devons partager. C'est différent. De plus, je te rappelle que je me suis immatriculée Lise, partout.

— Tu imagines à l'accouchement ? Certains cligneront des yeux !

— Oh oui ! Je n'y avais pas pensé. Finalement, l'idée stupide en était une bonne et j'assumerai ma relation avec toi. Il faudra d'ailleurs que je te raconte un truc marrant à ce sujet.

— Bébé lira « Lise » avant de voir sa maman et son papa ! C'est grand !

— Je serai peut-être la première femme à rire lors du passage de la tête de bébé ! Nous n'avons jamais vraiment parlé d'un sujet qui a pourtant bouleversé notre vie. Lise, dans le cadre de ma chasse implacable aux non-dits, je dois te confier ce qui a fait que … Paul et moi … J'avais une sorte de besoin viscéral de rentrer dans le rang, d'avoir une vie comme il faut, bien lisse, version magazine prout prout, un mari, une belle maison, des enfants, une jolie voiture … Que des clichés ! J'ai juste oublié que je n'avais qu'une vie et que je devais avant tout penser à être heureuse. Mais attention, j'aime Paul, ma villa, mon job, même mon coupé sport de pimbêche ! Car j'en suis une sur le fond, je le sais. Mais j'y ai sacrifié une part vitale de ma vie, toi !

— C'est exact. C'est mon vécu.

— Je n'ai pas assumé jusqu'au bout mon besoin de toi ni ma relation avec toi. Blig-bling, je le suis tellement devenue que j'ai dû craindre d'être moins admirable. Une conne ! Tu ajoutes à cela mes échecs pour être mère et tu as le plongeoir pour faire un maxi plouf !

— Ne minimise pas ta maladie de toujours, Anne. Elle existe.

— Tu as raison. Dans les changements que j'ai décidé d'opérer, je souhaiterais vivre la passion que j'ai pour toi aux yeux de tous. J'ai besoin de toi, c'est une dépendance viscérale. Ceux que nous dérangerons regarderont ailleurs et chercheront d'autres amis. Si nous les perdons tous, je m'en fiche. C'est dans cet esprit que je tiens absolument à cesser de te voler ta gentillesse, ta beauté, ton amour, ta lumière … Ta vie, je veux que tu la vives. Es-tu prête à vivre la passion qui vous unit depuis l'enfance au grand jour ? S'il te plaît.

— Mais … Anne ! C'est me demander si j'ai envie respirer ! C'est pour toi que je l'ai mise en retrait, lorsque tu as mis fin à notre relation amoureuse pour Paul. Bien sûr que je veux la vivre, la crier et la montrer ! J'ai pris des cuites à cause de nous. Mes milliers de promesses non tenues me hantent encore. « Demain, je l'annonce au monde entier. Ce matin, je l'embrasse devant les collègues. Ce soir, je déclare à nos amis que je t'aime. Dès que je danse avec elle, je la pelote et je montre que je lui enfonce la langue dans la bouche ». Mais en dehors de pleurer … Les nuits revenaient et je me prenais une cuite de plus. Excuse-moi, je te parle de moi et ce n'était pas le sujet.

— Erreur, Lise. Dorénavant, ça l'est. Chaque heure de tous les jours que nous vivrons. Je regardais des variétés avec Paul, vautrée sur le canapé. Sans même tousser, j'en suis arrivée à voir la lumière, Lise. Et j'en ai bavé !

Lise ne répondit pas et lui déposa un baiser sur la joue.

— N'oublie pas que tu es fragile, Anne.

— C'est pour cela qu'il me faut vivre en équilibre. J'ai décidé de faire le nécessaire. Lise, il faudra me raconter ce pan de ta vie que j'ai occulté. Tu as trop accepté pour moi. À présent, je suis consciente d'avoir profité et abusé de toi. J'avais mon confort, j'étais en règle avec mon besoin de conformisme tout en t'ayant à ma disposition ! Je me suis comportée comme un mec qui a une maîtresse à disposition. C'est ce que j'ai commis ! C'est intolérable, et … cruel. Pardon. Me voilà à nouveau humaine, donc nous ferons en sorte que tu aies une vraie vie, et pas la moitié, ce qui est le lot des maîtresses. Pour cela tu te rapprocheras de moi ou tu t'en éloigneras, mais c'est une condition non négociable de ton bonheur et du mien.

— Si tu veux bien prendre mon choix en considération, demande à Paul s'il serait d'accord pour te partager d'une façon plus visible. S'il te dit oui, alors tu sauras comment me rendre heureuse. Mais je ne veux pas de provocation publique, pas d'exhibition, pas de thèse sur ta bisexualité … juste l'amour ordinaire entre deux personnes, dans la discrétion habituelle d'une relation normale.

— Tu as raison, je demande à Paul. Je me sens une telle envie de vivre que je veux consacrer mon temps à être heureuse. Je reviens d'un cauchemar. C'était une leçon ou un avertissement dont je prends acte. Lise, je te le demande à nouveau. Accepterais-tu d'être enceinte en même temps que moi pour que nous puissions partager à mille pour cent ? Ce n'est pas pour te faire plaisir, enfin si, bien entendu, mais c'est surtout pour nous, pour toi et moi. Nous avons un âge où certaines décisions doivent être prises.

Lise ne bougeait pas, toujours blottie contre le ventre bronzé qu'elle adorait. Elle ne répondit pas et se contenta de fermer les yeux, en laissant s'écouler ses larmes sur la peau douce de ce qui serait bientôt le nid douillet du bébé.

Anne, qui espérait l'approbation qu'elle ne recevait pas, s'inquiéta de ce qui empêchait Lise de lui répondre. Elle se redressa légèrement et d'une voix douce la questionna :

— Lise, tu dors ?

— Non mais, toi alors ! Penses-tu vraiment que je pourrais dormir dans un moment pareil ? Je me demande où tu trouves de telles questions ! Je pleure, en silence. Voilà des années que je chiale. Tu ne voudrais pas que je rate une occasion comme celle-là ? Sois sérieuse !

— Tu pourrais tenter une réponse ? S'il te plaît ?

— Anne, je ne veux pas profiter ou abuser de ta tendresse. Alors avant de te répondre, je te le répète. Je préfère attendre que tu en parles avec Paul, ensuite tu me renouvelleras ta proposition.

— Connaissant ton désir de maternité, j'imagine ce que doit te coûter cette réponse.

— C'est pour cela que je pleure, Anne. Je sais mon bébé à nouveau possible, mais je dois temporiser, car je ne supporterais pas un énième revirement de situation. Je finirais par en mourir. Mais tu as ce droit, car tu es convalescente.

— Tu es devenue une femme réfléchie et responsable. À moins que je ne m'en rende compte que maintenant ! Dans les deux cas, j'ai beaucoup de chance.

— Je l'ignore, mais ça fait pleurer. C'est quoi le truc que tu voulais me raconter au sujet des tatouages ? Tu as eu des réflexions désobligeantes à l'hôpital ?

— Non, Véronique n'y a jamais fait la moindre allusion. C'est autre chose. Tu te souviens que j'en ai trois ? Épaule etc. !

— Comment pourrais-je les oublier ! Tu avais de plus choisi un moment particulier pour me les dévoiler.

— Et alors ? N'as-tu pas remarqué que tu pouvais lire ton prénom dans certaines situations ?

— Si, sauf à avoir les yeux bandés, difficile de ne pas admirer. C'est amoureusement mignon, mais les tags sautent aux yeux.

— Tu devrais deviner la suite !

— Sans doute. Mais non, pas du tout !

— Chaque fois que Paul entreprend une minouterie, il finit toujours par prendre un fou rire. Puis il me dit que d'avoir Lise sous le nez dans un moment comme celui-là, cela lui donnait l'impression d'enfreindre une propriété privée.

— Oh ! Mais c'est vrai ! Le pauvre, c'est trop génial !

— Tu pourrais ajouter la, car le travail n'étant jamais suffisamment précis, voire terminé, celle qui reste dans l'expectative, c'est moi !

Trois jours plus tard, Anne trouva le moment propice pour formuler sa demande à Paul qui se contenta de lui répondre qu'il lui avait déjà donné son accord et qu'il n'avait pas changé d'opinion. Il compléta après quelques instants en lui disant combien il se sentait redevable envers Lise sans qui, il en était convaincu, il n'aurait pas eu la chance de retrouver sa merveilleuse épouse :

— Anne, je souhaiterais te donner un avis complémentaire.

— Oui, mon chéri. Je t'écoute.

— Je te t'ai déjà dit préférer que tu sois la première à être enceinte dans la mesure où je serais pour elle aussi le … le donneur ? Le père ?!

— Tu as raison, il faudra trouver une formulation agréable et plaisante pour Lise, toi, moi et les enfants. Paul, il est exact que j'ai toujours désiré être enceinte de toi avant Lise. À présent, si tu es d'accord, tu devrais lui faire son bébé. Ce soir, demain ou dès que tu te sentiras prêt ! La femme à qui je dois la vie est en souffrance.

— Je pourrais, je peux … ça, je sais bien, même comment … Hein ? Que veux-tu insinuer ? Anne ? M'aurais-tu annoncé que …

— Tu seras papoune prochainement.

— Oups ! Oh mince ! Oh bon sang ! Moi, papa ! Pas de doute possible, tu es certaine ?

— Totalement. Dans environ huit mois, tu gagneras le titre de père !

— Dans deux-cent-quarante jours, un petit Paul … Oh, mince alors ! Ou une Anne miniature ! Nous serons une famille. Je te prendrai dans mes bras d'ici une minute, parce que là, je dois me retourner. Rien de grave, mais nous avons pris une fâcheuse habitude ces derniers temps, et là, j'y suis. Je pleure ! Non, tant pis, je te pleurai dessus. Je t'aime.

— Tu es heureux ? Vraiment ?

— Oui, terriblement, jamais je ne l'aurais cru autant ! Je pensais avoir peur … mais ! Une minute, huit mois ! Cela veut dire que … déjà un ? Alors ta guérison et le médecin qui demandait ce que tu prenais !

— Oui ! C'était mon secret. Celui que je tenais à garder. Pardon. Je ne voulais pas que quelqu'un me le vole. Eh oui ! C'est mon bébé qui m'a aidée à guérir plus vite, le tien, le nôtre.

— Bon, il faut aviser. Dès à présent, Anne, tu prends soin de toi. Tu ne fais plus rien, car tu dois rester tranquille. Je ferais venir une femme de ménage, je prendrai les courses en charge et Lise veillera à ce que tu ne bouges pas.

— Paul ! Je ne suis pas en sucre, je me porte bien et le bébé aussi. Je continuerai à vivre normalement et Lise ne me surveillera pas, car elle sera enceinte et à bichonner autant que moi ! Quand bien même, Lise ne m'aura plus à charge, je veux qu'elle vive libre.

— Ah bon ! D'accord, tu décides et tu ordonnes. Je t'aimerai tellement que tu en auras assez d'être aimée. Moi, papa, c'est dingue.

— Tu es déjà père au fond de toi, je le sens.

— C'est que, de fait, je le suis déjà ! Lise le sait ? Sinon je cours lui dire, tout de suite. Il ne faut plus la tenir à l'écart. C'est moche.

— Paul, ne le prends surtout pas mal. Je ne lui ai pas dit, mais elle a découvert mon secret cet après-midi, ce qui m'a poussée à te le révéler dès ce soir ! Tu m'en veux ?

— Bien sûr que non. Comment a-t-elle deviné ? Cela ne se voit pas encore !

— Elle m'a dit : « Anne, ce changement de comportement, cet air béatement heureux et la forme de tes seins, tu es enceinte ». Elle ne m'a pas posé de question, elle me l'a affirmé. Je ne l'aurais pas su, c'est elle qui me l'apprenait. Elle me connaît par cœur !

— C'est vrai que j'aurais pu faire la relation ! Zut ! Encore battu.

— À ce propos, Paul, accepterais-tu que nous donnions une place plus visible à Lise ? Je veux qu'elle vive sa vie pleinement. Je te précise que ce n'est pas elle qui le demande, c'est moi que ne veut plus continuer ainsi. Si nous considérons que notre couple ne saura pas gérer l'affichage de cette relation à trois, enfin, surtout celle de Lise et moi, je veux qu'elle prenne ses distances d'avec nous. Elle a droit elle aussi à une vraie vie, elle est une femme splendide et a l'âge où tout lui est possible. Je pleurerai. Il lui suffira d'une journée pour trouver une liste de prétendants et prétendantes ! Et crois-moi, elle n'aura pas à faire le moindre effort !

— Je te réponds tout de suite, c'est facile. Tu es la femme de ma vie depuis que je t'ai rencontrée, et chaque jour qui passe me conforte dans ma certitude. Alors cela sera tel que tu le désires.

— Tu es mon Paul chéri. J'ai compris que tu me donnes carte blanche, mais je voudrais savoir ce que toi tu espérais.

— J'aime que Lise soit avec nous. Je l'adore. Elle est un cadeau avec sourire. Un aphrodisiaque à l'accent chantant. C'est une femme merveilleuse, intelligente, belle et dévouée. Lorsqu'elle est là, tu es lumineuse et magique, même avec moi.

— Alors c'est voté, tu auras à assumer deux paternités.

— Non, Anne, j'aurai la joie, le privilège, la chance, parce que je suis prêt ! Mais … je voudrais te demander un truc sans doute déplacé et tu penseras probablement que Paul le Balourd a encore brillé, mais tant pis. Pour ce qui est de notre relation, cela change quelque chose ? Je veux parler de l'amour avec un bébé dans ton ventre !

— Tu peux continuer à me persécuter comme hier, Paul, dès ce soir et ainsi presque jusqu'au dernier jour.

— Ouf, génial, parce que huit autres mois d'abstinence … galère !

— J'organise une fête chez nous et nous invitons nos amis. Cela me permettra de montrer que je me porte bien sans avoir à l'affirmer à chacun et m'évitera de répéter je ne sais combien de fois la même chose.

— Je suis d'accord. Nous pourrons évaluer nos amis ! Je crains, mais c'est la méthode à suivre. L'un de nous trois pourrait trouver un prétexte pour offrir un chaste bisou sur la bouche aux deux autres, afin d'enlever le doute de ma totale acceptation de votre relation. Cela devrait suffire.

— C'est moi qui vous embrasserai. Je veux m'assumer. Mon ancienne image m'asphyxie. Et c'est à moi d'endosser, car Lise est à moi … tié … libre … ? Je suis désolée, Paul. Je l'ai entendu en même temps que toi ! Je m'impressionne. Tu gères, ou tu es fâché ?

— Tu dis simplement ce qui est, mais cela appartenait aux murmures. Nous ne partageons pas Lise, Anne, en revanche, je partage ma femme avec elle. C'est cela la réalité que tu évoques et que je précise. Mais rassure-toi, cette nouvelle épouse me plaît beaucoup.

— Merci. J'ai beaucoup de chance que vous soyez aussi tolérants avec moi. Lise ne doit pas être perçue comme voulant s'immiscer entre nous, donc je la tirerai à nous et je la câlinerai près de toi.

Anne se blottit contre son époux et ils se turent un moment, tout au plaisir de ce qu'ils partageaient. Il avait une main posée à plat sur son ventre et lui caressait les cheveux, elle fermait les yeux.

— M'as-tu toujours aimée ou as-tu eu des points bas, voire des périodes où tu ne m'aimais plus ? Cela peut arriver et n'empêche en rien d'aimer à nouveau avec passion deux mois après !

— Je n'ai jamais cessé. Anne, je ne sais pas trop parler des sentiments, surtout amoureux, mais tu es la femme à laquelle je ne pouvais prétendre. Tu es tout pour moi, tu es plus que … ! Tu vois, je ne sais pas en parler et pour le peu que j'arrive à essayer d'exprimer, je suis lamentable !

— Le début était quand même joliment formulé, Paul, mais cela me fait me poser une question. Pourquoi alors m'as-tu humiliée de la sorte en me trompant comme la dernière des mégères ? Et en plus avec quelqu'un qui m'est si cher que je pourrais lui offrir ma vie, donc cela ne pouvait qu'ajouter à mon humiliation !

— Ouille ! La douche froide. Bon, là je suis mal, mais j'essaie d'assumer. Anne, j'y ai déjà beaucoup réfléchi en me posant les questions qui me semblaient être en lien avec mon adultère, et je peux t'en confier le résultat avec honnêteté, alors que ce n'est pas flatteur, pour moi, je le précise.

— Oublie cet aspect et explique-toi sans fioritures.

— Je n'ai pas trouvé d'explication, ni plausible, ni bancale, ni même tirée par les cheveux ! Pas une. Je n'ai rien à te reprocher, pas l'ombre de quoi que ce soit. Je n'avais aucune frustration à combler, je suis sexuellement épanoui, car tu es merveilleuse là aussi, et tu ne m'as jamais étouffé ! Que puis-je te dire et comment pourrais-je essayer de te faire comprendre ma motivation dans la mesure où moi-même je ne la devine même pas !

— Si je n'ai rien à me reprocher, c'est encore plus déprimant ! Tu m'as trompée … juste pour le cul ? C'est ça ? Notre couple contre un cul !

— Je me suis posé cette question. Mais chaque fois que j'ai eu l'envie de m'amuser, tu as accepté une sortie et de participer à mon plaisir !

— C'est exact. Tu conçois que je puisse ne pas comprendre ? Que j'y pense presque tous les jours ? Que je considère ton attachement à moi finalement relatif ? Que je me dise qu'heureusement que c'était avec Lise qui, j'en suis certaine, jamais ne chercherait à t'enlever à moi ? Que j'affirme que tu m'as trompée au sens propre du terme ?

— Je le réalise, Anne, je ne sais pas comment te demander pardon autrement que comme je l'ai fait et qu'en te disant je t'aime ! J'ai dérapé, et je crains qu'il n'y ait pas d'autre explication. Presque tous les jours ? C'était une image, une façon de parler ?

— Non, malheureusement pas. Je cherche comment mettre un terme à ces idées qui me harcèlent sans cesse, mais je n'ai pas encore trouvé. Je pensais qu'avec une explication cohérente, dans le calme, j'identifierais ce que je n'ai pas su t'apporter, ce qui m'aurait permis d'arriver à mieux accepter ce que tu m'as infligé. Avec cette compréhension additionnée au temps, j'espérais ranger la période dans le tiroir des incidents de la vie maritale.

— Je crois que nous avons su gérer, et ce potentiel est un composant clé du couple qui dure. Tu partages ?

— J'essaie de le croire aussi et c'est ma seule porte de sortie à ce jour. Paul, malgré mes assauts sans concession, pourquoi ne me rétorques-tu pas que j'ai commis la même chose lorsque j'ai repris une relation amoureuse et sexuelle avec Lise, sans t'en parler ? Parce que je suis malade et fragile ? Tu veux protéger ton épouse, car elle est … folle ?

— Oublie ce mot, Anne. En toute bonne foi, j'y pense, c'est vrai. Mais en réalité, cela ne me soucie pas, car c'est différent. Ta relation avec Lise existait avant moi, elle a existé durant moi, à trois, puis pendant moi, vous deux. À quelques heures près, je connais Lise depuis aussi longtemps que toi, car elle est toujours avec toi ! Je crois que je l'ai intégrée comme étant liée à toi telle une évidence, une normalité qui vous appartient, donc que j'ai aussi épousée. Je ne suis pas persécuté par la jalousie, j'ai confiance en toi, je t'ai avec moi, tu m'aimes et je n'en doute pas. Que pourrais-je espérer de plus ?

— M'avoir rien que pour toi.

— Comme un meuble ? Non ! Après quelques mois, j'ai su que tu accepterais mon amour, mais pas d'être prisonnière. Tu m'aurais quitté ou tu te serais éteinte. Dans les deux cas, Lise t'aurait reprise à moi, ça aussi je le sais. Alors oui, dans les faits tu m'as trompé. C'est évident. Mais non, pas dans notre réalité.

— Tu sais que si j'en avais le courage, tu m'énerverais ? Mais je ne veux pas rompre notre harmonie parfaite. Nous parlons de coucheries dissimulées, tu n'es quand même qu'un mec, et sur ce coup, tu es bien plus sain que moi. Je suis impressionnée.

— Tu provoques, tu plaisantes, mais c'est pour mieux confesser ton émotion, je le sais. Nous concernant, ma seule crainte, si je devais absolument à formuler une, serait un jour de te voir transférer tes affaires dans la maison de la belle Lise !

— Lorsque nous nous sommes disputés au sujet de ton infidélité que tu refusais de reconnaître, il s'en est fallu d'une poignée de minutes. Je dirais au maximum dix. Je t'ennuie sans doute, car je parle beaucoup.

— J'adore.

— Cela te dirait de monter avec moi dans la chambre d'ami pour voir comment la transformer afin d'accueillir bébé ?

— Mille fois oui ! Il faut qu'elle soit géniale !

— Créer une chambre d'enfant, c'est légitimer notre couple. Du moins, c'est ce que j'éprouve.

— Je ne parviens pas encore à réaliser.

— Ensuite, je me rendrai chez Lise pour lui raconter et pendant ce temps, tu nous prépareras une saladerie. Puis nous passons la soirée tous les trois et demi.

— Tu réalises que tu organises, tu décides et tu tranches, même pour le bébé ?

— Non, mais oui. J'ai changé, Paul. C'est vrai. Je suis envahie par la frénésie de vivre ma vie ! Je n'ai plus de temps à perdre dans les compromis. Pas davantage dans la gestion de mon paraître. C'est terminé tout ça, c'était l'ancienne Anne. Je vous aime, c'est mon droit, alors j'ai décidé d'être libre de vous aimer et de me battre pour cela.

FIN

Les personnages de ce roman évoluent dans une série de six titres. Chacun peut se lire en tant qu'histoire complète, mais pour suivre leur progression, il est préférable de les lire dans l'ordre suivant :

- La réponse doit tout à la question ;

  Thomas, Lise, Anne, Paul, Jean, Véronique …

- Face à soi-même ;

  Thomas, Aline, Lise, Mylène …

- 1, 2, 3, où allons-nous ?

  Lise, Anne, Paul, Véronique …

- Voyage dans l'autre monde ;

  Anne, Lise, Paul, Véronique …

- L'arche des âmes en peine ;

  Thomas, Aline …

- Le passé ne se conjugue pas au futur ;

  Thomas, Aline, Mylène …

À PROPOS DE L'AUTEUR

Né en Côte-d'Or en décembre 1959,
il a été baptisé Patrick Belime. C'est moi.
Après des études profondément ennuyeuses
et chronophages en temps de vie,
j'ai exercé différentes activités, agent général et courtier
en assurances, libraire, formateur,
rédacteur pédagogique, enseignant, webmaster,
maintenance développeur et concepteur informatique,
et autant de changement de région.

J'écris par passion, le week-end et après le travail.
Ma présentation n'offre pas matière à un livre,
ni à une nouvelle, cinq lignes !
Avoir plus de 50 ans, en dehors de raconter
que cela fait mal au dos, que pourrais-je en dire !

J'écris pour mon plaisir
avec au fond de moi le désir secret d'offrir
à mes lecteurs espérés et méritants
un peu de ce que cette colossale pile d'années
m'a fait comprendre à coup de pied,
sous bien des formes, mais des coups de pied malgré tout.

Je viens d'avoir une idée, je pourrais évoquer mes passions,
celles avouables, pour raconter qui je suis.
C'est bien mieux qu'un long discours.
Donc j'aime l'écriture, apprendre, écouter, méditer,
partager, la musique, l'image, l'informatique, la nature ...
Je pensais en avoir davantage à mentionner. Pfff !

Il me reste mes certitudes, comme celle que mes écrits
sont plus intéressants que je ne saurais l'être.
Merci quand même d'avoir voulu
en savoir davantage sur moi.